思春期・青年期のこころとからだ

自分と出会うためのワークブック

鍛治美幸
Kaji Miyuki

岩崎学術出版社

心　よ

　　　　こころよ
　　では　いっておいで

　　　　しかし
　　また　もどっておいでね

　　　　やっぱり
　　ここが　いいのだに

　　　　こころよ
　　では　行っておいで

『八木重吉詩集』より（鈴木亨編，角川書店，1972）

はじめに：思春期・青年期の心と身体の発達

思春期の始まり

　思春期は，英語で puberty（adolescence と呼ぶこともある）といいます。これは恥骨を意味するラテン語の pubis を語源とする言葉です。この語からもわかるように，思春期は性的な意味での発達と密接な関係がある時期です。ですから思春期とは，第二次性徴が発現し身体の機能が子どもから大人へと成熟していく頃のことをさします。こうした変化の発現には個人差がありますが，一般には中学生の時期を中心に，その前後1～2年を含めて思春期と考えられます。身体的成熟は，自己イメージの変化をもたらします。また彼らを囲む周囲の環境からの視線も，子ども時代とは異なってきます。さらに，身体的成熟を発現させる性ホルモンの分泌も，心理的側面に大きく影響を及ぼします。こうしたことから，思春期は心身ともに大きな変動が生じる時期といえるでしょう。

身体の変化と，心の変化

　皆さんの中に，声変わりをした時や初めてブラジャーをつけた時，大人になったと感じてうれしくてしょうがなかったという人はいますか？　それともむしろ，それまでの自分とは変わってしまったような，なんともいえない違和感を覚えたり，周りの目が気になって恥ずかしく感じたりした人はどのくらいいますか？　初潮や変声期を体験したときは，どうでしたか？
　文学作品やドラマ・映画などで，この時期のとまどいを描いたものがいくつ

かあります。

「アンネの日記」（アンネ・フランク著，文春文庫，増補新訂版）より
1944年2月12日，土曜日
親愛なるキティーへ（**著者注**：キティーはアンネが日記を擬人化して呼びかけた名称）
　太陽が輝いています。空は紺碧に澄みわたり，心地よいそよ風が吹き，そして私はあらゆるものにあこがれています——深く思い焦がれています……ひとと話したい，自由になりたい，お友達がほしい，ひとりになりたい。そしてなによりも……思いきり泣きたい！　たくさんの願望に胸がはちきれそうな気がしますし，泣けばずいぶんさっぱりするでしょう。でも，それができません。どこにいても落ち着かず，部屋から部屋へと歩きまわり，とじた窓の隙間から深呼吸し，自分の心臓が鼓動しているのを感じます。それはさながら，「どうか満たして，いつかはこのわたしの胸の願望を」，そうささやいてでもいるようです。
　わたしは思います——わたしのなかには春がいて，それがめざめかけているのだと。全身全霊でそれを感じます。普段どおりにふるまうのには，ちょっとした努力が必要です。すっかり頭が混乱して，なにを読んだらいいのやら，なにを書いたらいいのやら，なにをしたらいいのやら，さっぱりわかりません。わかっているのはただ，なにかにあこがれているということだけ……。
　じゃあまた，アンネより

　これは，アンネの隠れ家生活での，ある一日の日記です。前半に記されているさまざまな願望は，アンネが不自由な隠れ家生活を強いられていたことから生じた部分も大きいでしょう。しかし，後半はどうでしょう。思春期の少女の心と身体の変化や，それらへのとまどいが感じられますね。そして改めて前半を読み返してみれば，アンネの情緒不安定の原因が，必ずしも隠れ家生活のためだけでなく，健康な少女に起こる，この年頃に特有のものだという側面もわかってきます。

思春期の身体

　思春期の心と身体の変化に密接に関わる第二次性徴とは，具体的にどのよう

表　第二次性徴の発現に伴うおもな身体の変化

性別	身体の変化
男子	変声，精通，性毛の発毛，肩幅の広がり，筋肉質ながっちりした体つきになる
女子	乳房の発達，月経の開始，性毛の発毛，骨盤の発達にともなう腰幅の広がり，丸みを帯びた体つきになる

なものでしょうか。

　その前に，第二があるからには第一次性徴と呼ぶものがあるわけです。これは，私たちに生まれながらに備わっている男性・女性のシンボル，すなわち生殖器の形態の違いを指します。そして，個人差はありますが，10歳～15歳くらいに発現してくる，性的な成熟に伴い発現する性的特徴を第二次性徴といいます（**表**参照）。

　第二次性徴が発現するための，身体の成熟を促すのが性ホルモンです。男性ホルモンや女性ホルモンが活発に分泌されるため，男らしい体つきになったり，女性として生殖機能が整ったりといった変化が進行するのです。男性ホルモンのテストステロンと，女性ホルモンのエストロゲンとプロゲステロンは，それぞれ精巣と卵巣に働きかけ，第二次性徴を推し進めていきます。

　性ホルモンの働きは，身体の形状を変化させたり，生殖機能を成熟させるだけではありません。実は，私たちの心の在り方にも大きな影響を与えるのです。

　昔はこの世代の女子を，「箸が転げてもおかしい年ごろ」と呼んだものです。このとおり，女性ホルモンには，気分を明るくしたり和やかにさせる作用があります。閉経前後の女性が更年期障害と呼ばれる心身の不調を体験するのは，卵巣機能の低下に伴う女性ホルモンの急激な減少によるものなのです。また女性の約8割が，月経前には体調の変化に加え，イライラしたり気分が落ち込むなどの気分の変調を体験しているといわれています。月経前症候群（Premenstrual Syndrome：PMS）と呼ばれる，排卵から月経開始までの時期の心身の不調もまた，この期間の女性ホルモンの分泌量のめまぐるしい変化に関係しています。

　一方，男性ホルモンは闘争本能をかきたてるといわれています。女性に比べて男性のほうが格闘技や激しいスポーツに夢中になったり，口喧嘩よりは取っ

組み合いになりやすいのも男性ホルモンが影響していると考えられます。

このように性ホルモンは,身体だけでなく心の状態にも大きく影響を及ぼすのです。思春期は,目覚ましい身体の変化へのとまどいや,活発な性ホルモンの分泌による興奮に翻弄される時期ともいえるのです。

ものの見方,感じ方,考え方の変化

思春期に入ると,一般にそれまでに比べ感情の起伏が激しくなるといわれています。この時期を通り過ぎた年長の人たちからみれば些細なことで,泣いたり怒ったり,おおげさに反応することもまれではありません。友達や家族のちょっとした言動を自分なりに解釈して,アレコレと深刻に思い悩むことも珍しくありません。そして,落ち込みや怒り,感動するときのきっかけも,それまでとだいぶ変わってきます。たとえば,ミュージシャンやタレントの"心に響く"メッセージや生きざまに,強く影響を受けるようになるのもこの頃です。

こうした心の動きの変化はなぜ起こるのでしょうか。ひとつには,前の節で紹介した性ホルモンの働きが大きく影響していると考えられます。それから,大人とも子どもともつかない社会的な立場のあいまいさも影響しているでしょう。そしてもうひとつ,知的側面の発達的変化が進み,徐徐に多面的で奥深いものの見方や感じ方,考え方ができるようになってきたことも作用していると考えられています。

心理学では,ものの見方や感じ方,考え方をあわせて「認知」と呼びます。発達心理学者ピアジェ Piaget, J.(1972)は自分の3人の子どもの行動を詳しく観察し,認知機能の段階的な発達の様子を明らかにしました。彼の提示した認知発達理論では,人は直接手に触れたり口でしゃぶるものや,目に見えるものだけを対象とする幼い思考の段階から,やがて眼前にないものについても想像力を働かせて考えることができるようになるとされています。そして12歳ごろには具体物に限らず抽象的な概念についても,「もし～ならば」といった具合に仮説演繹的に推論したり,思いを巡らせ思考することができるようになります。「心」,「愛」,「友情」,「嫉妬」,「劣等感」などなど,どれも形がなく目に見えないものですが,思春期の人たちにとってはとても身近で大切なテ

ーマとなるのは，この頃になって認知機能が十分に発達し，抽象的な思考ができるようになってきたためともいえるでしょう。

青年期：大人と子どものはざまに

　第二次性徴を中心とした変化の時期である思春期は，中学生の時期に相当します。これに続く高校生・大学生頃を，青年期と呼びます。青年期は，思春期に発現した心と身体の変化を自分なりに消化し，受け入れていく時期です。身体も知的能力も十分に発達してきます。親や教師といった大人たちや，友人との付き合い方に変化が生じ，異性への接近など，新たな人間関係を体験していきます。学生生活が終わるころには，社会人としての自分の在り方を現実的に見詰めていくことも必要になってきます。そうした多様な体験の中で，少しずつ新たな自分らしさを形成していくのです。この自分らしさの感覚は，自我同一性（アイデンティティ identity）と呼ばれています。これについては，後の章でくわしく紹介しています。

　さて思春期・青年期の人たちを見ると，身長や靴のサイズは親以上になり，ときには周囲の大人がドキッとするような鋭い発言をしたりもします。しかし親の手を借りなくてもなんでも自分でできるのだと言い切る反面，無邪気な表情を見せたり，子どもじみた言動で親に甘えることもしょっちゅうです。

　青年期は子どもから大人へという所属集団の移行期であり，大人とも子どもともつかない時期です。この時期ついて社会心理学者レヴィン Lewin, K.（1951）は，「青年は，子どもの集団と大人の集団との重なり合って両方に属する領域とみられる集団に属しているか，或いは両方の中間に立ってどちらにも属さないのである」と述べ，青年を社会学の"境界人 marginal man"に類似した位置をもつものであると述べました。そしてこの"境界人"が立つ場所は，社会的な意味で"人のいない土地 no man's land"であるといっています。

　レヴィンによると，生活空間が拡大し，認知的にもまた身体的にも未知の領域に入った青年は，独特の心理的兆候を示すとされています。彼らは自らの立つ地盤の不安定さを感じて，羞恥心や敏感性，攻撃性を示したり，さまざまな

価値観のはざまで葛藤を体験するのです。そして極端な態度に出たり，自分のスタンスを根本から急激に変更しようとする傾向を表すといわれています。青年の行動がバランスを欠き，相矛盾する行動の両極端を行ったり来たりすることも珍しくないようです。

　この時期を生きる人たちには，放っておいてほしいけれど助けてもほしい，個性的でありたいけれど皆と同じでないと不安など，両価的な ambivalent 気持ちが見られることが少なくありません。そして，そのような気持ちを抱く自分を恥じたり，揺れ動く思いを受け止めてくれない大人を批判したりします。これらは移行期を生きる青年期らしい心理的特徴といえるでしょう。

　みなさんは，どうでしょうか？

解体と変化の時期としての思春期・青年期の課題

　思春期から青年期の心の在り方を研究した人のなかには，この時期を「疾風怒濤の時代」と呼ぶものがあります。急激な心身の成長は，まるで激しい波風に翻弄されるかのような体験だということです。一方で，この時期を平穏に過ごすものがいることを指摘した研究もあります（村瀬，1984）。他にも，文化人類学者ミード Mead, M.（1961）は実地調査を通じて，サモア島では青年期は人生で最も平穏で幸福な時期であることを明らかにしています。このように思春期・青年期の過ごし方には個人によっても，また文化によっても差があります。

　しかし，これまで挙げたような心身の変化は，その体験の仕方の強烈さには個人差があるでしょうが，誰の身にも訪れるものです。そして多くの場合，若者自身の自己イメージだけでなく，彼・彼女をめぐるさまざまな環境との関わり方にも変化をもたらします。それまで幼いなりに築いてきた自己イメージがガラガラと音を立てて崩れるように解体し，新たな自分を見つけていく必要を感じるのです。そして，変化する自分自身を模索しながら，親や友人との付き合い方にも変化を生じさせていくのです。

さて，思春期・青年期では，「心」と「身体」が相互に影響を及ぼしながら発達を進めていくことがお分かりいただけたでしょうか。本書では，ここまでで皆さんに示したこの時期の心理・社会的テーマについて，「心」と「身体」の両面から学びを進めていきたいと思います。

　第Ⅰ部は「心」です。心はどこにあるのでしょうか？　心を見つめることは私たちにとって，どのような意味があるのでしょうか？　臨床心理学の礎となる理論をもとに学んでいきましょう。

　第Ⅱ部では「身体」の側面から，自分という存在について考えてみましょう。はじめに「心」と「身体」のつながりについて学びます。そしてその後は，私たちにとって自分の身体性がとくに強く感じられる「性」にも目を向けて見ましょう。

　第Ⅲ部は，「心の病と健康」です。心身のバランスが崩れるとき，私たちにどのような変化が生じるのか，またそれを予防するためのちょっとしたコツも学んでいただけたら良いと思います。

　ところで，頁を繰っていただくと，皆さんが書き込みをするスペースがいくつもあることに気づかれるでしょう。これは，学ぶ人自身が主体的にテーマに取り組んでいただけるよう，本書では簡単なエクササイズや描画などのワークを紹介しているからです。是非，「心」と「身体」，双方を存分に動かしながら進めていただきたいと思います。

さあ，始めましょう！

◯目　次

はじめに：思春期・青年期の心と身体の発達　　5

I　こころ

1　心の形と働き　　17
　フロイトの考えた"心"　　17
　無意識との出会い　　23
　防衛と適応のためのメカニズム～防衛機制　　29
　ユングの考えた"心"　　32
　心理学偉人伝：フロイトの軌跡　　36
　心理学偉人伝：ユングの軌跡　　38

2　わたし　　41
　ライフサイクルから見た青年期　　41
　心理学偉人伝：エリクソンの軌跡　　48
　ユング心理学の視点から　　50

3　わたしとあなた　　61
　親との関係　　61
　友だちとの関係　　66
　みんなの中でのわたし　　68

II　からだ

1　わたしたちの身体　　75
　ボディ・イメージ　　81
　身体か，精神か？　　83
　無意識と身体　　84
　身体も，精神も！　　86
　心の発達と身体　　90

2　性：ジェンダーとセックス　　92
　ジェンダーとセックス　　92
　ジェンダー　　90
　性愛的な結びつき　　99
　性愛関係における痛み　　102
　同性愛　　103

Ⅲ 思春期・青年期の心の病と健康

1 思春期・青年期に見られる問題　107

心身症　107
パニック障害　109
強迫性障害　111
境界性人格障害　113
摂食障害　116
うつ病　121
統合失調症　123
発達障害　125
自傷行為　128
もし友だちが心の病になったら　130
家族に心の病を抱えた人がいたら　131

2 健康な心で過ごすために　132

リラックス法　132
認知行動療法　135

参考文献　141

あとがき　147

・・

【ワーク１：心のかたちを描いてみよう！】　18
【ワーク２：連想ゲーム】　24
【ワーク３：Who am I ?】　42
【ワーク４：アイデンティティの確立をめぐるストーリー】　49
【ワーク５：夢を描く，夢を演じる】　51
【ワーク６：わたしの年表】　62
【ワーク７：嫌いな人・苦手な人】　65
【ワーク８：さまざまな役割】　71
【ワーク９：身体の地図】　77
【ワーク10：ゆっくり・速く】　88
【ワーク11：理想の自分】　94
【ワーク12：どっちが得か？】　97
【ワーク13：心の貯金箱】　137

I
こころ

　「そっと目をつぶって，心のある場所に手を置いてみて下さい」。思春期や青年期の人にこの質問をすると，多くの人が心臓のあるあたりに手を置きます。頭に触れる人もいます。どちらも間違いではありませんが，正解とも言い切れないでしょう。なぜなら"心"を実際に見たことがある人はいないからです。

　この章では，心の働きについて想像を巡らせることからスタートします。やがてその思索の旅は，自分らしさや自分と周りの人との関わりへとつながっていきます。

　一緒に考えながら，学びを進めていきましょう。

1 心の形と働き

　"心"の働きについて論理的に考えた最初の人物は，古代ギリシャの哲学者プラトン Platon（B.C. 427〜347）であるといわれています。その考えは彼の弟子アリストテレス Aristoteles（B.C.384〜322）に引き継がれ，現代まで哲学的思索の対象としてさまざまに論じられています。また自然科学の領域でも，"心"は重要な研究テーマです。なかでも心理学は，"心"を研究対象とする学問です。厳密に計画された実験や調査を用いて，あるいは"心"の悩みの治療を通して，"心"の働きを明らかにしていくことを目指しています。

　精神分析学の生みの親である，精神科医フロイト Freud, S. や彼の弟子ユング Jung, C.G. も，"心"の構造や働きについて説明しています。これらは臨床心理学の研究に限らず，私たちが人間の"心"の動きを理解するためにとても役に立つ理論として，さまざまな分野に影響を与えています。しかし，彼らでさえ，実際に"心"を手に取ってみたことはないのです。みな，精神疾患を患った方たちとの対話や，自分自身の心の動きに注意深く目を向け，長い年月をかけて検討した結果得られた理論です。

　みなさんもこれをやってみましょう。自分自身の"心"に目を向けて，あるいは皆さんの周りの人たちの"心"の動きを思い起こしてみてください。形はありますか？　あるとすれば，それはどんな形をしているでしょうか？　どんな働きをするのでしょうか？

ワーク1：心のかたちを描いてみよう！

　ワーク1のページに，自由に描いてみましょう。できれば，その働きについて説明も加えましょう。

ワーク１：心のかたちを描いてみよう！

　もしも"心"を見ることができたら，どんな形をしていると思いますか？　想像して，自由に描いてみましょう。さらに，細かい仕組みや働きについても，描き入れてみましょう。　描き終わったら，あなたの想像する"心"について，説明してください。

　※作成のヒント：自分や身近な人の"心"の動きを感じることがありますか？　どんなときに，どんな風にそれを感じますか？　自分の体験をヒントにして，絵を描いてみましょう。

心のかたちとしくみ

説明：

できましたか？

他の人はどんな"心"を描いているでしょうか。数名の大学生の作品を紹介します。

ワーク1：作品1

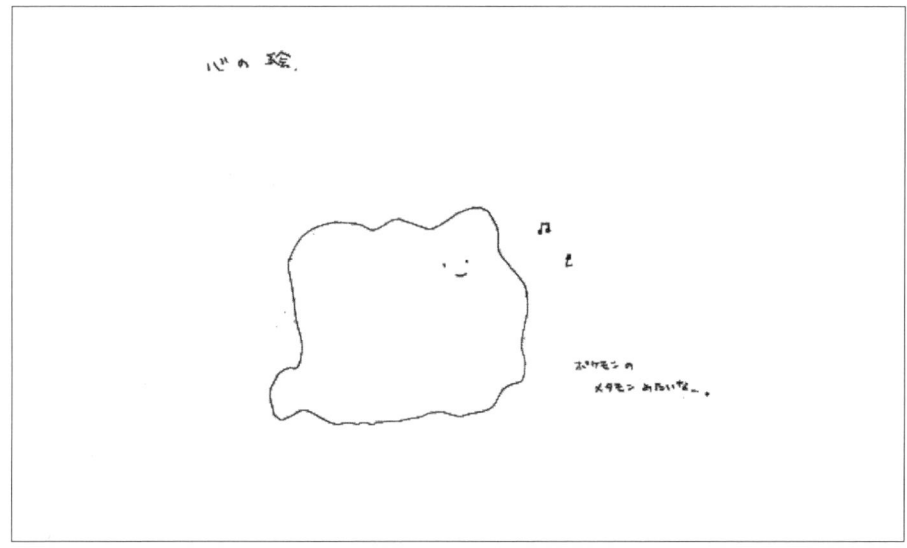

ワーク1：作品2

どれもユニークで，なるほど！　と唸ってしまうものではありませんか？
　では臨床心理学の専門家たちは，心の構造や働きをどのように説明しているのでしょうか。次にその代表的な考え方を紹介します。

フロイトの考えた"心"

　フロイトの描いた「心のはたらき」（構造論）を紹介します（**図1.1.1**）。心の中心は，ドイツ語でDas Ichと呼ばれる部分です。これは，英語にすればThe I，日本語では「これぞ，私」とでも訳したらよいでしょうか。自分が日ごろ感じている自分らしさと一致している側面で，日本語では「自我」，ラテン語でエゴegoと呼ばれる部分です。自我は精神活動の中心であり，社会的規律などの現実原則に沿った心の動きです。では，自分では認めたくない側面，思いもよらぬ部分はどこにあるのでしょうか。それはDas EsすなわちThe Itです。これはラテン語に訳されてイドidとも呼ばれていますが，この本では日本で一般的に用いられているエスという呼び名で統一します。エスは，普段は自我によって閉め出されている，認めたくないような欲求やそれにまつわる記憶，それに伴う感情や体感，体験した感覚などで，本能的なあるいは衝動的な欲求を満たそうと快楽原則に従って動きます。自我はエスをできる限りコントロールして，社会に認められる形へと置き換えようと働きます。
　では，エスは終始自我に閉め出され，心の表舞台に顔を出すことはないのでしょうか。実は健康な自我の働きは，少々の融通をきかせるものなのです。エスにあるべき内容も，時と場を選んで上手に自我の領域に取り入れて，自分を開放しているのです。たとえばルールやモラルはできる限り守ったほうが良いのですが，それを守ることにこだわりすぎると息が詰まってしまいます。緩すぎるのは困りますが，時と場合によっては少々融通を利かせたほ

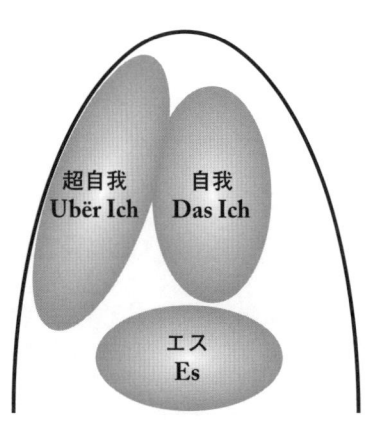

図1.1.1　フロイトの構造論

うが，心にゆとりが生まれ，物事がうまく運ぶこともあるのではないでしょうか？

さて，世の中にはエスの閉め出し方が強固な人と，比較的緩い人がいます。皆さんは，どうでしょうか？　日常的な行動から，考えてみましょう。

みなさんは，ショッピングは好きですか？　足りないものがなくても，新しい商品を見かけるとついつい買いたくなる人がいます。一方で，必要がなければ極力買い物はしないという人もいます。

あこがれのブランドの新作バックを目にしたとき，どうしますか？　もちろん経済的に余裕があれば買うかもしれません。けれども今のところ，十分なお金がない場合はどうしますか？

1) 無駄遣いはよくないから，必要がない時は一切ショッピングになど行かない人もいるでしょう。「バックは必要なものが入れられて，持ち運べればよいのだから」と考え，手持ちのものやお下がりを修理して使い続けます。そして余ったお金は慈善事業に寄付するかもしれません。
2) 一方で，支払いの目処はあやふやだけれど，「どうにかなるさ！　だって，どうしても欲しいんだから。それより売切れたら大変！」と，ローンを組んで買う人もいます。
3) それとも，バイトに精を出してお金がたまったら買いに行きますか？
4) あるいは，ブランド品はあきらめて，今持っているお金で買える範囲のものから選ぶことにしますか？

このように，質素倹約を固守する人がいる一方で，収入のあてがなくても高価な買い物をしてしまう人がいます。たいていの人はその中間で，自分の財布と相談しながら，状況に応じて財布のひもを締めたりゆるめたりしているのではないでしょうか。では，この厳しさと緩さの違いはどこから来ているのでしょうか？　それは，自我によるエスの閉め出しを監督する Über Ich, 英語の直訳では above I ですが，一般には Super Ego, 日本語では超自我と訳される部分の働き方の違いによります。超自我は，良心や罪悪感，恥意識，道徳心などからなる，完全性や理想形を追求する部分です。そして自我の働きを監視，

監督しています。超自我の強い人は，自我によるエスの閉め出し方も徹底的です。1）の例のように，いわば優等生の見本のように行動しますが，終始こうした姿勢を貫くのであれば，なんとも窮屈で息がつまってしまいます。逆に超自我が弱い人は，エスがおおっぴらに自我の領域に登場します。たとえば2）のように，快楽を追い求め，現実原則からはかけ離れた行いをします。その結果，無軌道でルーズになり，これが続くと社会から逸脱してしまうでしょう。ですから安定した心の働きは，自我を中心に超自我とエスをバランスよく働かせている状態，すなわち理想を大切にしつつも時には羽目をはずして息抜きをしながら，全体的には現実原則に根差した在り方を志向するものと言えるでしょう。

次に，フロイトの考えた「心の構造」（局所論）を紹介します。（**図 1.1.2**）

図のように，彼の考えた心の構造は層をなしています。心のもっとも奥深い場所で，本人がそうとは思わない，受け入れ難い欲求や衝動であるエスがあるのが無意識といわれる場所です。そして，外の世界からの刺激を受けて知覚し，自分なりに感じている，わかっている，自覚している部分が，もっとも外側にある意識です。両者の間には，はっきりとは意識されないが，何となくわかっているといった場所があり，前意識とよばれています。先ほど，自我がエスを閉め出すと説明しましたが，自我によって閉め出された内容は，無意識のほうに押しやられているわけで，無意識の中にはこれが自我に上ってくるのを妨げる壁のようなものがあります。ですからエスは，無意識の領域にあるわけですが，自我は各層を超え，全般的に働いています。意識されない自我の働きもあるわけです。では無意識の内容は，決して意識に上がることはないのでしょうか。実際には，自我がどんなに必死になってエスを抑えようとしても，若干の漏れはおこってきます。

フロイトは，こうした構造

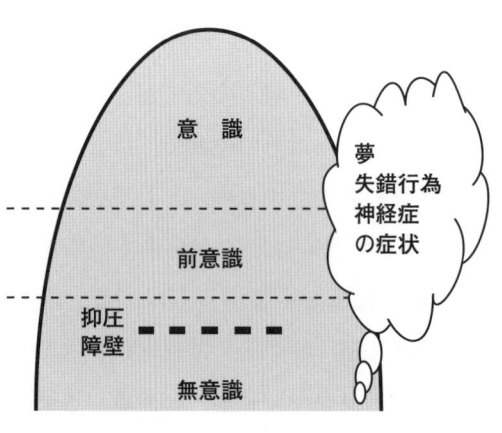

図 1.1.2　フロイトの局所論

をたとえ話を使ってうまく説明しています。かいつまんで紹介しましょう。

「もし皆さんがいま，教室で授業を受けているとすると，皆さんはドアの内側の世界のことについてはよくわかっているでしょう。どんな人がいて，どういった状況が起きているのか。この教室が意識の領域です。では，ドアの外のことはどうでしょうか。ドアには門番がいて，外から入ってこようとする者を検閲し，入れるものと入れないものを分けています。これが，無意識の領域にある抑圧障壁です。さて，ドアの外の世界にもいろいろなことが起こっています。そこは，無意識の世界です。外が静かであれば，中の人には外で起きていることは何も伝わってきません。けれども，もし外が若干騒がしければ，ドアが閉まっていても中の人にもその音や気配は漏れ入ってきます。また，ときにはドアに立つ門番の目を盗んでこっそり中に入ってくる人もいるでしょう。こうした無意識領域からの侵入者は，神経症の症状や，失策行為，夢などとして私たちに体験されます」。

どうですか，フロイトの言う心の構造のイメージがなんとなくつかめましたか。

無意識との出会い

現代では日常会話の中で，「無意識で，つい○○しちゃった」などという言い回しを使い，無意識という心の中の領域の存在が認められています。しかし，フロイトがこうした考えを提示した当時は，人々は目に見えない心の動きについて語るこの言葉に違和感を覚えたようでした。

ところで無意識などという，本人自身にも意識できない心の領域は，果たして本当に存在するのでしょうか？

ちょっとした連想ゲームに挑戦してみましょう。方法は次のとおりです。

ワーク2：連想ゲーム

検査者役の人は26頁の刺激語の表にある単語を，一番から順にどんどん読み上げて下さい。皆さんは，書き込み用紙1にそれを聞いて思いつく単語を

ワーク２：連想ゲーム

　検査者役の人は，26頁の刺激語を一つずつ読み上げていきます。検査を受ける人は，読み上げられた単語を聞いて思いつく単語を用紙１に書き入れてください。さいごまで終わったら、この用紙は見えないようにしておきます。

用紙１

1	
2	
3	
4	
5	
6	
7	
8	
9	
10	
11	
12	
13	
14	
15	
16	
17	
18	
19	
20	
21	
22	
23	
24	
25	
26	
27	
28	
29	
30	

ワーク２：連想ゲーム（つづき）

　ひととおり終わったら，もう一度繰り返します。検査者役の人は，26 頁の刺激語を 1 つずつ読み上げてください。検査を受ける人は，読み上げられた単語を聞きながら，先ほどの用紙 1 は見ずに，そこに記したのと同じ単語を用紙 2 に書き入れるようにしてください。

用紙 2

1	
2	
3	
4	
5	
6	
7	
8	
9	
10	
11	
12	
13	
14	
15	
16	
17	
18	
19	
20	
21	
22	
23	
24	
25	
26	
27	
28	
29	
30	

ワーク２：連想ゲーム（つづき）

　ここでは，ユングが実際に使用した「言語連想検査」の100の刺激語から，著者が抜粋した30語を用いています。

刺激語

1	頭
2	きれいな
3	水
4	歌う
5	死
6	長い
7	支払う
8	親切な
9	机
10	病気
11	間違い
12	旅行
13	怒り
14	お金
15	新しい
16	ノート
17	馬鹿な
18	軽蔑する
19	本
20	別れる
21	子ども
22	結婚する
23	可愛い
24	家族
25	うそ
26	きょうだい
27	心配
28	キス
29	女
30	侮辱

一つ，できるだけ早く書き留めてみて下さい。そして，ひととおりこの手続きが終わった後で，もう一度はじめから同じように刺激語を読み上げてもらいます。皆さんは聞きながら，用紙1は見ずに，用紙2に先ほど答えたのと同じ単語を書き込んでいきます。

終了後，一度目の検査で，言われた刺激語に対する反応語が思いつきにくかった刺激語や，全く思いつかなかった番号にしるしをつけて下さい。また，再検査で前に書いた反応語を思い出さなかったものや，一度目と違う言葉を書き込んでいるものにもしるしをつけて下さい。

これが，後で紹介するC.G.ユングが開発した「言語連想検査」という心理検査です。ユングは次のような指標を提示し，当てはまるものは無意識の影響により意識がうまく働かなかった結果であると考えられました。（ただし，実際の検査では口頭で反応語を述べるため，今回のように記述式で実施した場合当てはまらない項目もあります。）

1. 反応時間の遅れ
2. 反応を思いつかない
3. 刺激語をそのまま繰り返す
4. 明らかな刺激語の誤解
5. 二語以上を用いて反応する
6. 再検査のさいの忘却や間違い
7. 刺激語を外国語に訳して答える
8. 反応語を言う前に何か言う
9. 明らかに奇妙な反応
10. 同じ反応語を繰り返す
11. 観念の固執（前の反応を引きずる）

いかがでしたか？　皆さんの反応で，上記の指標に当てはまる刺激語はありませんでしたか？

ユングの理論についてはまた後で詳しく紹介しますが，ここでは彼がこの検査を実施し，ある女性の無意識に潜んだ葛藤を明らかにした例を紹介しましょ

う。

事　例

　ユングは統合失調症と診断された，ある女性の治療を担当しました。彼女は4歳の娘を亡くしたばかりで，そのショックから急性の精神病状態になったようでした。ユングは治療と診断の一環として，彼女に夢の話を尋ねたり，言語連想検査を実施しました。そこで彼女の病気の原因がはっきりしてきたのです。

　彼女の言語連想検査の結果は，「天使」，「頑固な」，「お金」，「悪い」，「馬鹿な」という言葉について，他の語とは異なる反応が見られました。そしてユングがそれらの言葉の意味を尋ねると，娘は「天使」のようであったと言いました。それから，「お金」持ちの男性にあこがれていたことを話し始め，次のような事実が語られたのでした。

　彼女は若いころ近隣に住む金持ちの息子にあこがれていましたが，結局彼の心をとらえられず別の男性と結婚し二人の子どもをもうけました。しかし娘を亡くすしばらく前に，久しぶりに会った友人から，例の男性は彼女に気があったのだと聞かされたのです。その後から彼女には抑うつ状態となっていました。やがて抑うつ症状が悪化してきたある時，彼女は娘が入浴中に風呂場の不潔なスポンジの水を吸っているのを知りながら，そのままにしていました。また息子には，不潔な水を飲むようにと与えさえしたのでした。そして娘の方は腸チフスにかかり，亡くなってしまったのです。

　ユングは悩んだすえ彼女に娘の死の原因は彼女にあることや，彼女の病的な状態はその罪悪感が原因であることを告げました。これを聞き，彼女は一時的に非常な混乱状態に陥ったものの，やがて回復したのでした（ヤッフェ編『ユング自伝1』，(1972)，マイヤーC.G.『無意識の現れ』(1996)をもとに著者がまとめたもの）。

　暴かれた無意識の内容は残酷なものでしたが，彼女は心の奥底に押し込めていた真実に再び目を向け，それを受け入れることで正気を取り戻したのでした。皆さんも，自分では意識していない心の動きがあると思いますか？

防衛と適応のためのメカニズム～防衛機制

　前節で，無意識の領域に押し込められた願望や欲求は，神経症や失策行為，夢などを通じて意識の領域に現れると述べました。次にその例を紹介し，そうした現象が起きる心のメカニズムについて説明します。

　神経症：ルーシー嬢の症例（著者注：これはフロイトが実際に治療にあたったある女性患者の例です）

　あるときルーシー（仮名）という若い女性が，フロイトのところへ治療を受けにやってきました。彼女はウィーンの工場経営者の家で，住み込みの家庭教師として二人の子どもの世話をしていました。子どもたちの母親は数年前に病気で亡くなっていました。彼女は原因不明の嗅覚の異常に悩まされていました。「焦げたケーキのような匂い」が鼻について離れないというのです。彼女はフロイトに導かれた軽い催眠状態の中で，その匂いがいつからあったかを話し始めました。初めにその匂いがしたのは，郷里の母親からの誕生祝いの手紙を受け取った時でした。その時は，二人の子どもたちとケーキを焼いていたのですが，子どもたちはふざけて彼女の手紙を取り上げようとしました。そうやって遊んでいるうちに，ケーキは焦げてしまいました。それ以来その匂いうが付きまとい，興奮すると匂いが強くなるというのです。やがて彼女はフロイトの質問に答えながら，実は近々に母親のもとへ戻ろうとしていたことを話し始めました。お屋敷での他の使用人とのもめごとが彼女をそのように決断させたきっけのようでしたが，子どもたちへの情愛や，雇い主である子どもたちの父親からの慰留で，今のところ屋敷にとどまっているというのです。こうしたいきさつを聞いたフロイトは，彼女に雇い主への恋愛感情があることを見抜いて指摘しました。これを受けて彼女も，実はしばらく前に雇い主から子どもたちの世話への感謝と信頼を語られ，特別な眼差しで見つめられた出来事を契機に，雇い主を愛し始めたと語りました。しかし，その後このようなロマンティックな機会は訪れませんでした。そして，フロイトの助言を受けて，このときの雇い主の眼差しは，彼女自身にというよりは，亡き妻を思い出して向けられたもの

であったと理解していったのでした。やがて、こうしたやり取りを経て、「焦げたケーキの匂い」は少しずつ薄れていきました。

　しかし、それから数ヵ月後、彼女はまた別の匂いに悩まされていると言い始めました。しかもその匂いは、ケーキの匂いに隠されていたものの、それ以前からあったものだというのです。再び治療が進められました。そしてその匂い、葉巻の匂いの原因を探索し始めました。まず、数か月前の昼食時のことが思い出されました。このとき主人たちは葉巻をふかしていました。その昼食には一人の年配の男性が客として同席していましたが、その客人が帰り際に子どもたちにキスしようとして主人が激怒したことが思い出されました。さらにその数か月前に、また別の客人が帰り際に子どもたちにキスをし、この客人が帰った後でキスを止めなかった彼女が主人から叱責されていたことが思い出されました。それはちょうど、主人から優しい言葉と眼差しを向けられ、彼女の中に淡い期待が生じていた時期だったことが明らかになりました。

　こうしたやり取りの二日後にフロイトの所を訪れた彼女は、何かいいことがあったかのような様子で、まるで別人のようでした。フロイトは一瞬、自分の解釈が誤っていて、実は彼女が雇い主と婚約したのではと思ったほどでした。しかし実際には、屋敷での待遇や主人との関係に変化があったわけではありませんでした。そして、「社長さんをあなたはまだ愛していますか？」というフロイトの質問に、彼女はこう答えました。「それは確かです。でもそれは私にとって、それ以上のことではありません。人は、自分の望みどおりに、一人で考えたり感じたりできるわけですから」（フロイト全集2『ヒステリー研究』より抜粋。「　」内は、引用）。

失策行為：著者の体験した"言い間違い"の例

　次に紹介するのは、著者である私自身の言い間違いの体験談です。

　勤務先の精神病院でのことです。ある日のこと、病棟でレクリエーションの準備に追われている私のところへ、一人の患者さんがやってきました。この人は気分屋さんで、私にはちょっと苦手な患者さんでした。そして、数日前には私が挨拶をしただけで、すごい剣幕で怒鳴り返してきたばかりでした。しかし、この日は上機嫌のようで、「鍛冶さん、美人だねえ。最高だよ〜！」などなど、

こちらが忙しそうなのに気づいているのかいないのか，耳元で褒め言葉を連発してくれました。私はとまどいと苛立ちを感じていました。そこで私が言った一言です——「ずいぶん褒めてくれて，うるさいわ！」——これは本来であれば，「褒めてくれて，うれしいわ！」というところでしたが，思いもよらぬ言葉が口から出てしまい，言った私自身が冷や汗をかきました。新米の臨床心理士であった私は，この人の態度が極端に変わるのは病気のせいだから，と自分でも納得しているつもりでした。しかし実際には，自分の心の中にあったわだかまりに，目を背けていたかったのでしょう。無意識の言い間違いの恐ろしさを，痛感した出来事でした。

どうですか？　無意識の働きが何となくわかってきましたか？

ここまでで説明したとおり，私たちが日頃考えたり感じたりしていることは，そのまま全て意識されているわけではありません。ルーシー嬢の恋心や，私の感じた不快感のように，そのような気持ちが自分にあるということが認めがたいような，自分で考えている自分らしさからは外れた気持ちが生じてくることもあるわけです。そのような考えや気持ちがはっきり意識されると，強い罪悪感や不安感，恐怖感にさいなまれ，心の平静を失いかねません。そこで，私たちは日常的にさまざまな方法で自分の気持ちや行動をコントロールし，周囲に適応できるよう保っているのです。そのコントロール法にはさまざまなやり方があります。それらを，精神分析の専門用語では「防衛機制」と呼んでいます。防衛機制の中には，健康な人が日常的に使うものと，健常な心の働きとは異なる病的なコントロール法である，「原始的防衛機制」というものもあります。

（表1.1.1）

なかでも「知性化」などは，健康な人でもよく用いる防衛機制です。攻撃的な欲求を適応的に発散するため，ゲームの対戦相手を徹底的にやりこめる作戦を考え，それを理路整然と説明したりする人がいます。あるいは，年配の女性の中には，男女の色恋についての描写が多い「源氏物語」などの古典文学を研究し，知的好奇心を満たしながら，性的な欲求も満足させていることがあります。攻撃的な欲求や性的な関心などは，あからさまに表現すると周囲の人との関係に問題をもたらします。ですから，このように知性化をして上手にコントロールすることで，適応的に満足させることは必要な操作です。もちろんこれ

表 1.1.1　代表的な防衛機制

防衛機制	働き	例
否認	自分にとって不安や恐怖をもたらすような現実の出来事には，気がつかないままでいること。	わが子の悪行から目をそむけ，いざトラブルが起きると「まさか，うちの子に限って！」と驚く親。
抑圧	認めがたい衝動や欲求など，自分にとって強い不安や苦痛をもたらすような観念や記憶，不快な感情を意識から締め出し，無意識にとどめておくこと。	母子分離と自立をめぐる母親との葛藤から，そのようなチャンスを手に入れられそうになると体調を崩し先送りにする娘。
投影	自分の中にあるとは認めたくない衝動や欲求は，他者の中にあるものと思い込むこと。	自分の中にある性的関心を認めず，「あの人が誘惑してくるので困る」と洩らす女性。
反動形成	認めがたい衝動や欲求などを抑え込み，むしろそれとは逆の行動や態度を示すこと。	攻撃性や依存性を抑え込み，やたらとへりくだったり，他者の世話をする。
知性化	認めがたい衝動や欲求などを意識化せず，知的な活動に置き換えて解消する。またそこで得た知識や能力を表現することで，代理的な満足を得ること。	難解な書物にのめりこみ，知識を詰め込むことにエネルギーを注ぐ。さらにディベートなどで難解な用語を駆使してまくしたて，相手をやり込め称賛を得ることで満足する。
合理化	自分が衝動や欲求を満たすために行なった行動について，その正当性を主張するため論理的な説明を付与すること。	「私が叩いたのは，子どものためを思ってしつけとしてやったことです」と話す虐待のケース。
同一化	他者のふるまいを見て，自分なりの取捨選択をしながら，よいと思うものを取り入れていくこと。	憧れの先輩やタレントの言動を真似してみる。尊敬する先生と同じ学問に熱中する。
昇華	本能的な衝動を，社会的に認められ，価値のある活動に置き換え，発散すること。	政治活動として革新的な働きを積極的に行ない，攻撃衝動を発散する。

も度が過ぎると，何でも論理的に切り捨てる頭でっかち，さらには他人の気持ちが分からない人，などと言われかねませんが。

ユングの考えた"心"

ここまで，心の働きについて，フロイトの精神分析理論を中心にお話ししてきました。しかし，彼以降も人間の心の働きを説明するいくつもの素晴らしい

理論が提示されてきました。その中でも、ユング Jung, C.G.（1875～1961）の理論は、心理学にとどまらず芸術や文化など、現在も幅広い領域に大きな影響を与えています。つぎに、その理論について紹介します。

ユングは、自ら構築していった理論を「分析心理学」と呼んで、フロイトの「精神分析」と区別しました。ユングの考えた心の在り様とはどのようなものだったのでしょうか？

フロイトの示した心の構造との大きな違いは、無意識層が二層になっているところです（図1.1.3）。その上層部分は「個人的無意識」と名づけられています。これは個人が経験したことのうち、忘れられたり抑圧された内容や、意識に上るほどの強烈さがない内容から成り立っています。これはフロイトの無意識の概念と似ていますが、ユングに特徴的なのは、その下層に想定された「普遍的無意識」と呼ばれる部分です。これは、個人的経験を超えた、人類に共通の普遍的な無意識の領域とされています。人類誰もが生まれながらに、心の奥底に共通のイメージを持っているというわけです。こうした不思議な発想は、次に紹介するユング自身の幻覚体験や、夢、あるいは彼が治療にあたった患者の妄想から導き出されたものでした。

ユングはもともとフロイトを敬愛し、フロイトからもその弟子の中でとくに篤い信頼を寄せられていました。しかし二人の考え方や個性の違いは徐徐に互いの間に溝を作っていきました。そして結果的にはユングがフロイトのもとを

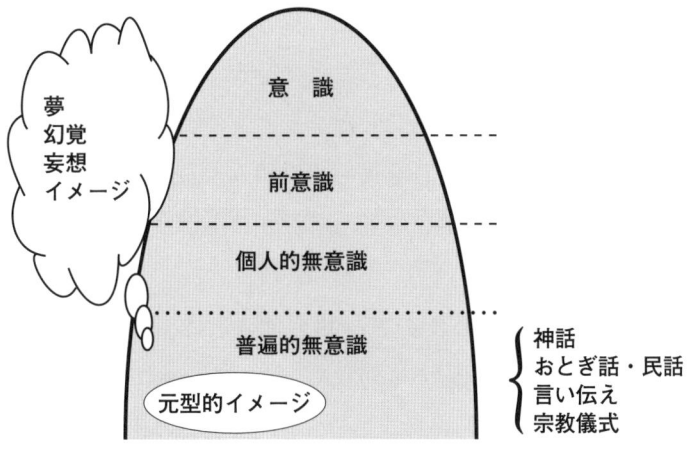

図1.1.3　ユングの考えた心の構造

去っていったのでした。

　フロイトとの別れの後，精神的な混乱状態を体験したユングは，自分なりの方法で心の立て直し作業を進めていきました。その羅針盤となったのが夢でした。

　1912年のクリスマスの頃にユングは，次のような古代的なイメージの夢を見ました。夢の中で彼は，城の塔の上の方にある大理石造りのイタリア風の廊下におり，子どもたちとともにエメラルド様の石でできた美しいテーブルに向かい，金色のルネッサンス風の椅子に腰掛けていました。すると突然に白い小鳥が舞い降りてきて机の上にとまったかと思うと少女に変身し，子ども達とかけていって遊び始めました。ユングがその経験を楽しみながら思索にふけっていると，少女が帰ってきてその腕を彼の首に優しくまきつけ，その後突然に姿を消しました。そこへ鳩が戻ってきて，ユングに雄鳩は12人の死人と忙しく働いていると告げるという夢です。この夢を見て，彼はひどく感動するとともに，その意味を考えましたが，ぴったりとくる解釈は見いだせませんでした。またその後，「何か死んだものがあり，しかもそれはまた生きているのだった」(『ユング自伝1』，p.247)といった空想が浮かんだり，この空想に関連する夢を見るようになりました。やがてこうした体験をたどっていくうちに「古代の体験が死んだ時代おくれのものとしてでなく，われわれの生きた存在に属している」(『ユング自伝2』，p.248)と考えるようになりました。普遍的無意識という概念は，こうして徐々に形成されていったのでした。

　またこの間ユングは，無意識的な衝動に自分をゆだねる決意をし，心に浮かんだことはなんでも取りかかってみることにしました。そこで彼が手をつけたのが，10〜12歳頃の遊びの記憶でした。子どもの頃の創造的な体験と再び接触するため，彼は湖岸や湖から石を集めては積み重ね，ミニチュアの村を作り始めました。そしてこの建築遊びを通じて浮かび上がってきた空想を，注意深く書き留めていきました。

　1913年の秋ごろから，ユングの精神状態はさらに不安定になっていきました。そして，北欧が洪水に水没する幻覚や，うたたねしていた机の足元の床が開けて地下の世界に入り，ミイラのような小人や若者の死体と対面する幻覚，見知らぬ未開人と一緒に英雄を射殺する夢を見て，その意味を理解しようと考

えるようになりました。夢や幻覚，空想の示す意味を理解するため，彼は自ら進んで空想に浸るようになりました。その中には英雄や未開人のほかに，老人や少女が現れ，古代的なモチーフが重要な役割を取っていました。なかでも，牡牛の角とカワセミのような翼をもち，洞察力に優れた霊的な存在の老人"フィレモン"は，たびたび彼のイメージの世界に現れ，彼と対話をするようになりました。ユングが描きとめた"フィレモン"像を見て下さい。なんだか神秘的な人物ですね。（**図 1.1.4**）

　ユングの考えに刺激を与えたもう一つの材料は，精神病患者の言動でした。彼の治療した統合失調症患者の妄想や幻聴の内容には，古代の神話や，他の民族に伝わる信仰・伝承と非常に似た内容があったのです。彼はあるとき一人の患者が，目を細めて窓越しに太陽を眺めながら，頭を左右に振っているのを見ました。患者は彼を窓際につれていき，目を細めて太陽を見ると太陽のペニスが見えると話しました。さらに，自分が頭を振ると太陽のペニスも動くが，それが風の原因なのだと続けました。そしてそれから数年後，ユングがギリシヤ語で書かれたローマ時代の宗教ミトラ教の祈祷書を読んでいると，この患者が語った妄想ととてもよく似た記述を発見したのです。そこには太陽からぶら下がっている筒が救いの風の原因であり，筒が西に傾くと東風が，東に傾くと西風が吹くと記されていました。この本は，患者が例の妄想を語った当時はまだ出版されていませんでしたし，当の患者はもちろんギリシヤ語など読むことはできませんでした。ユングにはこの一致が偶然とは思えませんでした。そしてこうした現象を取り上げて，研究を進めたのでした。やがて彼は，精神疾患をもつ人にもそうでない人にも，また時代や文化が異なる人々にも共

ヤッフェ編『ユング自伝 1 ── 思い出、夢、思想』（みすず書房）より抜粋

図 1.1.4 ユングのフィレモン像

通する心の層があると考えるようになり，それを普遍的無意識と名づけました。

　ユングは普遍的無意識を，時代や文化を超えてある共通したイメージを含む物語や夢，信仰を生み出す源であると考えました。ですから，古来よりさまざまな民族や地域に伝わる神話や民話，おとぎ話，宗教儀式などで現れるイメージには，それらの基盤となる，ある共通の型が見られるというわけです。この型を元型 archetype と呼びます。ユング心理学の立場では，この元型は私たちの心の動きと強く関係していると考えられています。元型については，第3章でくわしく紹介します。

　ここまで簡単に，フロイトとユングの理論について紹介しました。どうですか。彼らの考えは荒唐無稽に映りますか？　それとも，うなずける部分がありますか？

心理学偉人伝：フロイトの軌跡

　精神分析の父フロイト Freud, S. の人生と，その理論が誕生するまでを紹介します。彼の考えは心理学の領域に留まらず，現代の社会文化に大きな影響を与えています。そのような偉大な理論を作り上げたフロイトは，どのような青年期を過ごしたのでしょうか。また，彼のたどった道のりは，独自の理論の構築と何か関連があるのでしょうか。

　フロイトは，1856年にオーストリアで生まれました。父は織物商を営んでおり，20歳以上年下の母とは再婚でした。そのため，フロイトが生まれたころには父はすでに41歳で，腹違いの二人の兄は成人していました。こうした家庭環境がフロイトの心に及ぼした影響は，大きかったといわれています。もう一つ，彼の人格形成に影響を及ぼしたことがらは，両親がユダヤ人であったということです。当時のヨーロッパでは，ユダヤ人は長く差別と迫害を受けていました。

　幼時から学問に目覚めたフロイトに，両親は惜しみなく教育を受けさせました。彼は，8歳にしてシェイクスピアを読破するなど，大変知的で早熟な子どもでした。その勢いで文学書や歴史書，宗教書などさまざまな書物に熱中し，知的な思索を巡らすことに喜びをおぼえていたようです。やがて彼は，医師を

目指してウィーン大学医学部に入学しました。そして，ブリュッケ教授のもとで神経生理学の研究に没頭し，将来を嘱望される研究者となりました。しかし，ここでフロイトは大きな挫折を味わいました。大学内には根深いユダヤ人排斥志向があったうえ，研究室には家柄が良く優秀な先輩たちがいました。研究者としての大成を夢見ていたフロイトですが，彼が思い描いていた出世の道は拓けそうにありませんでした。また，彼には結婚を考えている女性がいましたが，所帯を構え生活をしていくためには経済的な基盤が必要でした。研究者としての将来に期待が持てず，また経済的な困窮もあり，フロイトは研究室を去ることにしました。そして，一介の臨床医として再出発することにしたのです。

失意の中でフロイトは，はじめに当時パリで活躍していた神経科医シャルコーのもとへ留学しました。そこで，催眠療法を使ったヒステリー症患者の治療を間近に見ました。ヒステリー症とは，神経症の一種で，精神的葛藤が原因で身体の一部に機能不全が生じるものですが，フロイトは奇妙な身体的症状と過去の記憶が密接に関わり合っていることを示す症例を目の当たりにして衝撃を受けました。このときの体験は，その後の彼の治療や研究の基盤となるものでした。

ウィーンに戻ったフロイトは，催眠療法や，患者の額に手を当てて暗示を与える前額法を用いて，ヒステリー症患者の治療を進めました。そしてその経験を通じて，彼はある確信を得ていったのです。それは，「人間の意識の底に潜んだままになっている，力強い心的過程」すなわち「無意識」の存在でした。やがて彼はさまざまな試行錯誤ののち，催眠や暗示を用いず，治療者は極力話さずに患者の自発的で自由な語りに耳を傾ける「自由連想法」という治療技法を開発していきました。多くの患者が彼のもとを訪れ，寝椅子（カウチ）に横たわると，心に浮かんでくることを思いつくままに話す，この不思議な治療を受けていきました。

この方法で，彼はヒステリー症の原因が，過去の性的体験にまつわる心の傷（心理的外傷）を意識しないように心の奥に押し込めること，すなわち抑圧にあることを突き止めました。しかし，封建的なムードが漂う19世紀のウィーン医学会においては，彼の性理論は大変にスキャンダラスな印象を与え，強い批判の対象となりました。それでも，フロイトは自分のこの発見を科学的に裏

付ける作業に没頭しました。多くの患者の自由連想の内容や，自分自身の心の動きに注目して，人間の心の動きを体系的にとらえるための研究を進めていったのです。彼が行った自己分析は，その理論の構築に大きく貢献しました。神経症の起源として，子どもと両親の心理的な三角関係を論じたエディプス・コンプレックスの概念も，自分と両親との関係を内省して得た発見から導き出したものでした。彼の関心は，性欲，夢，など当時は科学的な研究の対象とはみなされがたいものに向かい，やがてその理論と治療法は「精神分析」と名づけられ，徐々に注目を集めていきました。

心理学偉人伝：ユングの軌跡

つぎに，ユングの人となり，そしてその理論が成立していった過程について紹介します。

精神分析学を発表したフロイトのもとには，国内外から彼の理論に傾倒した医師たちが集うようになっていきました。フロイトもまた，自分の構築した精神分析学の後継者として，あるいはそこに新たな展開をもたらす刺激として，彼らを心よく受け入れました。スイス人の精神科医ユングもまたその一人でした。

ユングはスイスの田舎町の貧しい牧師の家庭に生まれました。彼は幼い時から夢や空想の世界に強く関心を持つ，感受性が強く傷つきやすい子どもでした。キリスト教の教義に忠実な父は，彼のこうした性質について理解を示してはくれませんでした。成長するにつれて神秘的な世界や，内的な世界への関心を強くしていった彼は，お決まりの教義を踏襲して繰り返し説教をおこなう父親との対話に堅苦しさやむなしさを覚え，徐々に教会での活動から遠ざかっていきました。一方で，母親は彼にとってもっと身近な存在でした。彼女はあたたかく，世話好きで，ユーモアのセンスと常識を兼ね備え，ユングにとってはとてもよい母親でした。一方で，彼女にはユングが神秘的で原始的と形容した，風変りな側面もありました。実際に，母方の親戚には神秘的体験をしたことがある人が何人もいました。ユングは，母親自身は意識していなくとも，彼女が自分と同様に神秘的な体験を受け入れていることを確信し，父よりは母に強い親

近感を抱きながら成長しました。

　青年期のユングは哲学や考古学に興味を持ち，自らの思索にふけるようになりました。このことは，後に彼が生み出す独自の理論に多大な影響を及ぼしました。やがて医師であった祖父の影響を受け，医大生となった彼が，最も強く関心を持ったのは心霊術でした。「いわゆるオカルト現象の心理と病理」が博士論文のテーマであったことからも，彼の関心がこの方面に強く向けられていたことが明らかです。そして，卒業後はブルクヘルツリ精神病院に勤務し，さらにチューリッヒ大学の講師となり，臨床と研究に没頭しました。

　フロイトとユングが初めて対面したのは，1907年でした。ユングは以前からフロイトの著作を読み，彼の論文を支持していました。このとき二人は，初対面にもかかわらず13時間もの間，熱狂的に話し合ったといわれています。そしてその後は，手紙のやり取りや，互いの家の行き来，学会活動などを通じて親交を深めていきました。多くの批判を受けながらも革新的な理論を展開する知性にあふれた19歳年長のフロイトに対し，ユングは理想的な父親像を重ね合わせ，傾倒していきました。フロイトもまた，ユングの才能を高く評価しました。それとともに，彼がスイスの名門病院で活躍する医師であり，非ユダヤ人であることから，精神分析学の世界的発展に貢献することを期待して，ユングを自分の後継者と呼びました。

　しかし，二人の協力関係は長くは続きませんでした。ユングは当初からフロイトの性理論に対し，懐疑的でした。一方で，フロイトもまたユングが心霊術等の超心理学的なことがらに関心を寄せるのに対し，否定的な態度を示しました。そしてユングが1912年にフロイト理論を批判する著作を発表したことで，二人の決別は決定的になったのでした。後年フロイトはユングを失ったことを「大きな損失でした」と語っています。しかし，この決別がユングに与えた衝撃はさらに大きいものでした。

　1913〜14年にかけて，ユングは進むべき方向を見失い，精神的混乱状態に陥りました。世界が崩壊する幻覚を見るなどの，急性精神病状態を体験したのです。しかし彼がこうした幻覚を見てしばらくすると，現実の世界でも第一次世界大戦が勃発しました。ユングは自らの幻覚や夢と，現実世界での出来事

との合致に関心を持ち，さらに深く自分の心を見つめる作業を進めていきました。こうして彼が心理的危機を体験した1914〜18年の間に熱心に取り組んだ自己分析は，臨床現場での精神病者を対象とした研究と合わさって，紹介したその理論や治療技法の基盤となったのです。

2 わたし

ワーク3：Who am I ?

　ワークシート3に，「わたしは……」で始まる空欄が，20あります。15分程度で思いつくままに，書けるところまで書いてみましょう。もしもっと書けそうでしたら，別の紙に続けていってもかまいません。
　書き終わったら，改めて読み返してみましょう。
　あなたが書いた自分に関する文章は，どのような内容が多いでしょうか？年齢や所属など，他の人でも知っているあなたについて，すなわち自分の外面的・表面的特徴について多く書いていますか。あるいは，自分自身の内面に触れた心理的特徴について書いていますか。それぞれの内容は，ポジティブな感情あるいはネガティブな感情のどちらを含んでいますか？両方の感情を微妙に含んでいたり，どちらともいえないものもあったかもしれません。
　こうしたことを振り返って，感想欄に思いついたことを書いてみましょう。

ライフサイクルから見た青年期

　さて，「わたし」とは何者であるのか……この問いに答えるのは，容易ではありません。周囲の人たちからも見て取れる個人の特徴があります。そして，そうした社会との関わりの中で発見し，成長していく自己像があります。一方で，心の内奥にあって，ひょっとすると自分でも気づかないような自分もあるかもしれません。もちろんどれも確かにあなた自身であり，両者は密接に影響し合っているのです。
　この章では，誕生から死までの人生を一つのサイクルとしてとらえたライ

ワーク３：Who am I ?

わたしは、
わたしは、
わたしは、
わたしは、
わたしは、
わたしは、
わたしは、
わたしは、
わたしは、
わたしは、
わたしは、
わたしは、
わたしは、
わたしは、
わたしは、
わたしは、
わたしは、
わたしは、
わたしは、
わたしは、

感想：

フサイクル論で知られるエリクソン Erikson, E.H.（1902～1994）による心理・社会的な視点と，ユングによる元型論の深層心理学的な視点，の2つの視点から「わたし」という存在について考えてみたいと思います。

ライフサイクル

エリクソンは，誕生から死までの人生全体をライフサイクル，すなわちひとつの円環としてとらえ，そのサイクルを通じた人間の変化を発達と考えました。**表 1.2.1** にあるように，生涯を8つの段階に分け，各段階で達成されることが望ましい課題を設定しました。この課題は心理的な側面と同時に，周囲の人や環境とのかかわりにおける社会文化的な側面も重視されており，心理・社会的な発達課題と言われています。また，各段階にはその課題がうまく達成できなかった時の状況が，危機として示されています。ただしこれらの課題は「達成か危機か」といった二者択一を迫るものではなく，両者を1つのベクトル上に位置付け，可能な限り達成に近づくことが望ましいとするものです。ですから，危機を体験しつつ達成を目指すというプロセスが大切なわけです。

各段階の課題と危機について，簡単に紹介しましょう。

Ⅰ：**乳児期**（0～1歳）の課題は，基本的信頼感の獲得，危機は基本的不信感です。ここでいう信頼感は，母親との相互的なかかわりを通じて築かれる感

表1.2.1　ライフサイクルの漸成的図式

	発達段階（年齢）	心理社会的課題 vs. 危機
Ⅰ.	乳児期（0～1歳）	基本的信頼感の善得 vs. 基本的不信感
Ⅱ.	幼児期前期（1～3歳）	自律性 vs. 恥／疑惑
Ⅲ.	遊技期（幼児期後期）（3～6歳）	自主性（積極性）vs. 罪悪感
Ⅳ.	学童期（6～12歳）	勤勉性 vs. 劣等感
Ⅴ.	青年期（12～20歳）	アイデンティティの確立 vs. アイデンティティの混乱
Ⅵ.	成人期前期（20～30歳）	親密さ vs. 孤立
Ⅶ.	成人期（中年期）（30～60歳）	生殖性 vs. 停滞
Ⅷ.	老年期（60歳～）	自我の統合 vs. 絶望

エリクソン（1989）『ライフサイクル，その完成』をもとに著者作成

覚なのですが，かといって特定の人物に寄せるものではありません。むしろ，赤ちゃん自身を取り囲む人物を含めた世界全体への，そしてまた自分自身への信頼感や安心感なのです。これは，排せつ・飢えなどの生理的欲求への十分なお世話やスキンシップを通じて培われていくものです。

Ⅱ：**幼児期前期**（1〜3歳）は，自律 vs. 恥／疑惑です。1歳前後で歩き始めた赤ちゃんは，それに次いで言葉を獲得し自己主張が強まります。さらに，トイレットトレーニングの成果があらわれると，自分で欲求や感情をコントロールするようになるのです。一方で，親が子どもの自律を認めず，過干渉で支配的であると，子ども自身が「きちんとできること」に固執し，うまくいかないとそれを恥じるようになります。また，しつけを急ぎすぎて子どもに失敗体験を重ねさせすぎると，無力感が子どもを襲い，恥や疑惑の念が強まります。

Ⅲ：**遊技期**（幼児期後期，3〜6歳）は，自主性（積極性）vs. 罪悪感です。言語能力が発達し，歩行もいよいよ活発になってくる時期です。ここで子どもは，自己主張と我慢（自己抑制）のバランスを取りながら，自分の要求を表現していく力を身につけます。しかし周囲の大人が子どもに対して必要以上に道徳的なふるまいを求め，自己主張や積極性を規制する場合，子どもは自分が良心を働かせて積極性を適切に統制できないことへの罪悪感を抱き，自分を抑えすぎる傾向につながります。

Ⅳ：**学童期**（6〜12歳）は，勤勉性 vs. 劣等感です。学校という社会生活の場で，現実的で実用的な目標に勤勉に取り組むことが評価されると，子どもの中に自分の生産的な活動が認められたという喜びが生まれます。しかし，ここまでの段階での葛藤が解決されていない場合などには，家庭から離れ学校生活で十分に機能する機会が損なわれ，劣等感が生まれることもあります。

Ⅴ：**青年期**（13〜20歳）については，このあとで詳しく紹介します。

Ⅵ：**成人期前期**（20〜30歳）は親密さ vs. 孤立です。職業選択やパートナーの獲得で，自立した社会生活の基盤が作られます。また他者との親密なかかわりに失敗したり，社会的な自立の足がかりが築けない場合は孤立につながります。

Ⅶ：**成人期**（中年期，30〜60歳）は，生殖性 vs. 停滞です。この時期の成人は，家庭を持ち子どもを育てたり，社会の中でも生産的な役割を担います。

次の世代の確立と指導への興味・関心が生殖性となります。しかし一方で，愛他的行動をとる余裕がなく，過度に自己愛的な自己耽溺した停滞状態に陥る場合もあります。

Ⅷ：老年期（60歳〜）は，自我の統合 vs. 絶望です。それまでのライフ・サイクルを受け容れ，有意義であったと意味づけ，人生の終末への準備をします。しかし，自分の歩んできた人生への疑問が高まり，その意味を見いだせないときは絶望に陥るのです。

アイデンティティ（自我同一性）の確立

つぎに，「アイデンティティ identity：自我同一性」という視点から，「わたし」という存在について考えてみましょう。

アイデンティティの確立は，ライフ・サイクル論の中で第五番目の段階である青年期（13〜20歳）の課題です。その確立が達成されることが望ましいとされる一方で，その拡散は危機になります。

第一章で取り上げたように，思春期から青年期にかけて私たちは身体の成長，認知的発達を経験し，子ども時代に決別します。そこで，「自分とは何者なのか」について悩み，新たな自分探しを始めるのです。この旅の到達点となるアイデンティティの確立された状態とはどのようなものをいうのでしょうか。エリクソンによると，それは，

- 自己の斉一性：私は他の誰とも違う独自の存在である
- 時間的な連続性と一貫性：過去，現在，そしてこれからもずっと私であり続ける
- 帰属性：なんらかの社会集団に所属し，そこに一体感をもつとともに，他の成員からも是認されている

という，特性が備わった主体的な感覚であると定義されています。

しかし，思春期から青年期にかけて，一足飛びにこのような自分を発見できるわけではありません。その確立までのプロセスを詳細に研究した結果が，

46頁の**表1.2.2**にあります。マーシャ Marcia, J.E. は，この時期を生きる多くの若者と面接をして集めたデータをもとに，アイデンティティがどの程度確立されているかを段階別に示しました。そこでは，アイデンティティの確立状態が，青年の「危機」の経験と「傾倒」の程度という二つの軸から判定されます。「危機」とは，青年が職業選択やイデオロギー（政治と宗教）の領域において，選択しうるさまざまな可能性の中で悩みながらも意思決定を行うことです。また「傾倒」とは，自分が選択したものについて積極的に取り組む姿勢をさします。

　アイデンティティを達成した人は，「危機」を経験したうえで自分の選んだ道に「傾倒」している状態にあり，自己評価も高く，他者とも親密な関係を築くことができます。早期完了段階の人は，「傾倒」する立場や生き方はあるのですが，そこに至る過程で「危機」を経験していません。たとえば両親の敷いたレールに何の疑念もなく乗って大人になった，という人たちです。親の価値観や考え方を踏襲しているので，一見すると早い時期から自分の道がしっかりと決まっているように見えます。けれども，そうした価値観が通用しない

表1.2.2　マーシャのアイデンティティ・ステータス

アイデンティティ・ステータス	危機	傾倒	概略
アイデンティティ達成 identity achievement	経験した	している	幼児期からのあり方について確信がなくなり，いくつかの可能性について本気で考えた末，自分自身の解決に達して，それに基づいて行動している。
モラトリアム moratorium	その最中	しようとしている	いくつかの選択肢について迷っているところで，その不確かさを克服しようと一所懸命努力している。
早期完了 foreclosure	経験していない	している	自分の目標と親の目標の間に不協和がない。どんな体験も，幼児期以来の信念を補強するだけになっている。硬さ（融通のきかなさ）が特徴的である。
アイデンティティ拡散 identity diffusion	経験していない	していない	危機前 pre-crisis：今まで本当に何者かであった経験がないので，何者かである自分を想像することが不可能である。
	経験した	していない	危機後 post-crisis：すべてのことが可能だし，可能なままにしておかなければならないという意識を持つ。

無藤隆・久保ゆかり・遠藤利彦『発達心理学』（1995, 岩波書店）より

状況では混乱に陥ることがあります。また、その考え方には柔軟性が乏しく、しばしば権威的でもあります。「傾倒」できるものを探し、「危機」の最中にとどまる若者もいます。こうした人たちをモラトリアムと呼ぶのですが、近い将来の職業選択に悩み戸惑う大学生はまさにこうした状態にあるのではないでしょうか。

　さらに現代は、企業の終身雇用体制が崩壊し、社会の価値観も多様化しています。そのなかで、大学卒業後もモラトリアム状態にとどまる若者が増えています。さまざまなアルバイトにトライしながら、「自分にぴったりの仕事」や「自分らしい生き方」を模索し続ける「自分探し」系のフリーターの人たちの存在は、こうした現代社会の姿を反映しているといえるでしょう。けれどもモラトリアムを日本語に訳すと「猶予」という意味になるように、この時期に十分に自分と向き合って、時間をかけて自分の道を探し続けることは、やがてアイデンティティ達成の状態へつながっていきます。

　アイデンティティ拡散の段階については、「危機」の経験の有無によってさらに二つの段階に分かれます。「危機」を経験していない、すなわち危機前にあり、何にも「傾倒」していない人は、何になろうか・どう生きようかと積極的に悩んだり、何かを目指し夢中になったことがなく、かといって現状に満足しているわけでもありません。自分のことがよくわからないままに、漠然とした不安や焦りに苛まれているのです。一方で、「危機」は経験したものの、何も「傾倒」するものを見いだせないという人もいます。つまり、何かに必死になることを避け無関心を維持することで、「その気になればなんでもできる。ただ、今はその気にならないだけさ」という態度を守り、現実離れした万能感を保とうとするわけです。こうした人たちは、他者との関わりも、どこか親密さを欠いたものとなります。

　このように、「危機」を乗り越え、「傾倒」できる何かを見つけるのは容易ではありません。多くは、さまざまな出来事を体験し、いろいろな人に出会い、幾度となく人生の分岐点に立ちながら、自分自身で考え、感じ、悩みつつアイデンティティを確立していくのです。

ワーク4：アイデンティティの確立をめぐるストーリー

　小説や映画，ドラマ，マンガなどのストーリーには，アイデンティティの確立をめぐる葛藤を描いたものがたくさんあります。そうした作品に触れることは，青年が自分の抱える葛藤と向き合う苦しさを支え，そこから抜け出すヒントを与えてくれます。

　あなたがこれまでに読んだり見たりした者の中で，感銘を与えてくれた「アイデンティティの確立をめぐるストーリー」をワーク4のスペースに書き出してみましょう。そして，友達や身近な人と紹介し合ってみましょう。

心理学偉人伝：エリクソンの軌跡

　エリクソンはライフサイクル論の生みの親で，「アイデンティティ identity」という概念の提唱者としても有名です。日本語では自我同一性と訳されていますが，自分とは何ものか，私らしさとは何かに迷いながら，やがて「これが私だ」といった自分に出会うことを意味します。

　彼はなぜこのようにユニークな概念を論じるにいたったのでしょうか。それは彼の複雑な生い立ちと，その後の生き方に関係があります。エリクソンは1902年にドイツで生まれました。そしてユダヤ系デンマーク人の母親と二人で，三歳までを過ごしました。父親はデンマーク人の芸術家であったともいわれていますが，母親は生涯エリクソンに彼の父親を明かすことはありませんでした。彼が三歳頃に母親はドイツ人医師と再婚しました。しかしエリクソン自身はユダヤ人であったためドイツ人からの差別を受け，デンマーク系であったためユダヤ人らしくない容姿をしており，ユダヤ人社会にも受け入れてもらうことができませんでした。彼は次第に「自分は何者なのか？」という疑問を抱き，それは終生彼の中に消えることのないテーマとなっていきました。

　成長したエリクソンは，画家を志し芸術学院で学び始めたものの，結局卒業することなく各地を放浪する生活をするようになりました。やがてフロイト, S.の娘アンナ・フロイトに出会い，精神分析について学ぶようになり，分析治療を受ける機会も持ちました。しかし，実父が誰であるかを知らない彼にと

ワーク４：アイデンティティの確立をめぐるストーリー

あなたのお勧めの作品を紹介してください。

先輩たちのお勧めの作品
『ゲド戦記１〜５』ル・グィン著　清水真砂子訳　岩波書店
『裏庭』梨木香歩著　新潮文庫
『父への手紙』窪島誠一郎　筑摩書店
『ライ麦畑でつかまえて』J.D.サリンジャー著　野崎孝訳　白水社

って，男児の幼児期における父親との葛藤に注目する精神分析理論は，十分に納得できるものとは言い難かったようです。

その頃，ドイツではナチスによるユダヤ人迫害の機運が高まっていました。これを逃れるためエリクソンはアメリカへ渡り，新天地で悩みを抱えた青年期の人たちの心理療法を行うようになりました。そして，自分らしさが見つけられずに悩む青年たちと触れ合う中で，彼は「自分が何者か」を知ることが，青年期の心の成長に重要な意味を持つことを確信しました。これは彼自身の心の軌跡においても最も重要なテーマでした。

「自分は何者なのか？」という問いは，彼の出会った悩みを抱える相談者の青年たちのものであると同時に，彼自身が自分に問うてきた言葉だったのです。

ユング心理学の視点から──元型との出会いをとおして自分を見つめよう

ワーク5：夢を描く，夢を演じる

皆さんは夢を見ますか？

そのなかでも特に印象深かった夢の場面を，思い浮かべてみて下さい。そして，ワークシート5にその場面を描いてみて下さい。

次にその場面を再現するよう身体を動かして演じてみましょう。スペースが足りなかったり，周りの人の目が気になって実際に動けないという場合もありますね。そのような時は，じっとしたままで結構です。そのかわり目をつぶってその場面を思い浮かべ，登場人物の動きに自分の気持ちを重ねて体験してみましょう。だいたい5〜10分ほどこのワークに取り組んだら，目を開けて下さい。

何か気付いたことはありましたか？　絵や身体の動きを通じて，あなたが体験した感情や，身体感覚，新たに浮かんだイメージなどがあれば，絵の下の自由記述欄に書き込んでください。

前のページでは，エリクソンのアイデンティティの視点から，私たち自身がある程度は自分で気づいている"私らしさ"について考えてきました。しかし

ワーク5：夢

あなたが見た夢の中で，印象深いものを思い浮かべ，その場面を絵に描いてみましょう。

説明：

私たちは前章で，自分では気づかない無意識の心の動きに大きな影響を受けているとするフロイトとユングの考え方に触れました。さて，自分でも気づかない"わたし"が自分の中にあるとしたら，私たちはそれとどのように付き合っていけばよいのでしょうか？

　ユングは心の成長の到達地点として，「自己実現」を目指すことをあげました。これは，意識の中心である自我を心の中心と考えたフロイトと異なり，意識と無意識すべてを含む心の全体性の中心である自己こそ心の中心であるとした考え方に基づくものです。ユングは，外と内，男性性と女性性，意識と無意識といった，対立的な要素の統合を目指すことを「自己実現」の過程であるとしました。ですから，ユング流に考えれば，私たちは自分たちが見えているもの，理解している世界，意識できていることのみを重視するのではなく，無意識からのメッセージにも耳を傾けて，二つの世界の統合を目指すことが豊かな「自己」の確立につながるというわけです。

　ユングが提唱した普遍的無意識の活動は，あくまでも無意識の領域で進行しており，私たちは普段その存在をそう強く意識することはありません。しかし，人生の節目や心理的危機を体験している最中には，それが強い存在感を発揮することがあります。それは，さまざまなイメージを意識の領域へと送り込み，私たちの心の動きに影響を及ぼすのです。ですから，夢や芸術活動などで現れたイメージは，私たちが普遍的無意識の動きを感じとる大切な手がかりとなるのです。ユングは，そうしたイメージには時代や文化を超えたある共通の型があることに気づきました。そして，それらを元型 archetype と呼び，そうした元型の意味を読み解くことは，無意識からのメッセージを解読する手立てとなると考えました。

　ユングが元型として示したもののうち，とくに主だったものを次に紹介します。

影

　あなたには，苦手な人がいますか。周囲の友人知人にそれとなくこぼしても，皆はあなたほどその人のことが嫌いではないようです。けれどもあなたには，その人の言動が気に障ってしょうがないというわけです。なぜこのようなこと

が起こるのでしょうか。

あなたがどのような人か，たとえばどのような趣味を持ち，何を大切にし，誰と仲良くするか。それらは一見自然に備わってきた特性のようですが，一方ではあなた自身が選んで身につけてきたのでもあります。あるいは，今とは別の生き方を，あえて選ばないという選択をしてきたのかもしれません。

人にはいろいろな理由から，あえて排除してきた生き方があります。しかし自分の選択に固執するほど，その生き方は頑なになり，知らず知らずのうちに自分自身を不自由にしていくことがあります。そこで排除してきた生き方を改めて取り入れることにより，その人の人生はより豊かなものへと発展していく可能性があるのです。こうした，排除してきた生き方を象徴するのが，影です。影が夢の中で現れるときは，多くの場合同性の人間像となって現れるといわれています。

たとえば，ある女性がイライラや憂鬱な気分を解消したいとカウンセラーのもとを訪れたとします。彼女は長年勤めた職場で，やりがいのある仕事を任されていました。仕事一筋で有能な彼女は，職場でも一目置かれていたそうです。カウンセラーは，些細なことでも心にわだかまることがあれば，自由に話すように促しました。そこで語られた彼女の不満は，同僚の女性の仕事ぶりが熱心ではないことでした。大切なプロジェクトを成功させようと頑張っている彼女をしり目に，同僚は残業もそこそこに退社し，デートや習い事に精を出しているということでした。数回のカウンセリングで繰り返し不満を語ってきた彼女でしたが，ある時とても晴れやかな表情でカウンセリングにやってきました。そして前の晩に見た夢を報告してくれました。夢の中には例の同僚が登場し，彼女に向ってえんえんと仕事の不満や，生活の不安を語ったそうです。彼女もはじめは我慢強く，同僚の話を聞いていたそうですが，そのうち耐えがたくなって夢の中でこう叫んだそうです。

「私だって，遊びたいわよ！」

目が覚めた彼女は，はじめ自分が口にした言葉にがくぜんとしたそうです。一方で，なんともいえない爽快感を感じ，胸の中の霧が一気に晴れた気がしたそうです。

元来責任感が強く，まじめで競争心も旺盛な彼女は，いつでも同僚に負けまいと仕事にまい進してきました。そしてその結果勝ち取った恵まれた環境で働く自分が，それに不満や不信感を持つことを無意識のうちに禁じてきたのです。しかしこの夢を通じて，仕事中心の人生になんともいえない息苦しさを感じていた自分に，改めて向き合うことができたのでした。その後彼女は同じ仕事を続けながらも，肩の力を抜いて，自分の人生における新しい可能性についても柔軟に考えるように変わっていったのでした。

　このように影は，自分が無意識に目をそむけてきた，受け入れるべき意味のある生き方の一つを示してくれるものともいえます。その一方で，影が無意識の破壊的な衝動を現わしていることもあるようです。どちらも私たちの心の内奥に潜んでいるものですが，それを意味あるものとして取り入れていくべきものとして見るか，注意深くコントロールしていくべきものととらえるか迷いが生じた時は，時間をかけて見つめ続けていくことが必要でしょう。

ペルソナ

　私たちはみな，程度の差はあるものの，周りの状況や期待に合わせて自分の構え・在り方を変化させています。

　たとえばあなたが大学1年の男性であれば，男らしさや若者らしさ，あるいはその大学の新入生としての振る舞いを自然と求められているのではないでしょうか。もしも中学生のような無邪気な言動をとったり，上級生のように"上から目線"で話したり，女の子のようにもじもじするなど，周囲の環境からの要求や期待に反した態度を示していたら，あなたは周りから非難されたり，排斥されてしまうかもしれません。一方で，バイト先の塾では，受験の先輩として堂々とした態度が求められるでしょう。そして家に帰れば，両親の子どもとして，幾分甘えた調子でのんびりと過ごしているかもしれません。

　このように，誰もが環境に応じて，あるいは自分の意図に合わせて幾つもの顔を使い分けています。ユングはこれを外的な構え，すなわち外的な性格として，古代の俳優の仮面を指す言葉でペルソナと名づけました。

　仮面をつけているというと，まるでいつでも猫を被っているような印象を持つかもしれませんが，ペルソナはいったん身についてしまうととても便利です。

状況に応じて取るべき態度がある程度想定できますし、周囲の人にも場に応じた配慮が示せるというわけです。人々がその職業や社会的な立場から逸脱した言動を自由に行うようでは、社会的な規範は乱れてしまいます。また、ペルソナを一切持たないで生きるということは、いつでもむき出しの自分、裸の心をさらけ出しているようなものです。これではとても傷つきやすく、危険です。

　けれどもペルソナは習慣化するといささか堅固になり、本来の自分らしさと一体化していきます。たとえば教師は学校で、教師らしく振舞っています。校則を守り、権威をもって、指導的な態度のペルソナを身につけているわけです。しかし、仕事を終え帰宅してもこのペルソナを外さない人がいます。そうすると、父親としてあるいは夫としては、堅苦しく高圧的で、妻や子どもたちは彼の前ではいつも息苦しさを感じなければならなくなるというわけです。家の外では誰からも尊敬されるようなまじめ人間である父親の息子が、しばしば羽目を外した生き方をしているという話は少なくありませんね。息子が父親の影を生きているというわけです。

　ですからペルソナの大切さと危険性を理解し、場面や状況に応じて、幾つものペルソナを柔軟に付け替えていくことが必要です。私たちは皆社会の一員として生きているわけですが、そうすれば、ある程度社会の規範に沿いながら、円滑な人間関係を築いていくことが容易になるというわけです。

アニマ・アニムス

　ペルソナが外向きの顔であるとすれば、心の内奥を表す元型もあるのでしょうか。「影」は同性の姿で夢に現れたり、自分の周囲にいる同性の人物に投影されることが多い一方で、心の内奥に通じる元型は異性の姿をとるとされています。ユングは男性の無意識の中に秘められている女性像の元型を「アニマ」と名づけました。これは、ラテン語で「たましい」を表す言葉です。一方で、女性の無意識に秘められた男性像は「アニムス」です。

　アニマやアニムスは異性の姿で現れますから、夢の中で出会った見知らぬ異性であったり、自分を取りまく異性の中に投影し、恋い焦がれたりするわけです。そして、アニマ・アニムスの像の面白い点は、心の成熟に伴いその像が変化していく点にあります。

男性が心の中に抱く最初の女性像は母親でしょう。それが心の成長に従い，徐々に母親から離れ，憧れの女性や身近な女性像と結びついて変化していくのです。ユングはアニマの発展過程を四つの段階で示しました。初めの段階は，生物学的な段階です。とにかく女であること，子どもを生みだすことができることが大切で，とくに性的な側面が強調されます。ですからこの段階のアニマに取りつかれた男性は，性的な対象である娼婦型の女性像に執心するのです。次に来るのが，ロマンチックな段階です。ここでは女性の人格を認め，一人の女性に対する愛が芽生える段階です。そして三番目は，聖母マリアに象徴される霊的な段階です。性的な雰囲気は薄れ，純粋で清潔，自己犠牲的な女性像が示されます。最後の段階は，叡智の段階です。ギリシア神話の女神アテネや観音菩薩のような，神秘的であると同時に深い知恵を持ち，賢く完成された女性の姿がそこにあります。

　男性の中には，これらすべての段階のアニマが存在していますが，どの段階のアニマ像と強く結びついているかによって，その男性の在り方が変わってきます。また，人生の半ばを過ぎてもアニマとの結びつきを失ったままでいると，生気や柔軟性，人間味を欠いた人物になりかねません。かといって，男性がアニマ像と同一化することは望ましくありません。男性が女性性を強く発揮すると，本来の男性的な人格の機能が損なわれ，現実逃避的になったり，感情に振り回される人になる恐れがあるからです。むしろ，男性はさまざまなアニマ像と向き合って，自分の中にある男性性とアニマ像を統合してく必要があるといわれています。

　女性が無意識に抱く論理性や強さは，アニムス像のかたちをとります。ですからアニムスに取りつかれた女性は，頑固な理屈屋で，きまりきった一般論を声高に主張するといった厄介な人物になりかねません。実際アニムスは人物以外にも，世論や社会的意見といったものに投影されることがあるほどです。しかし，多くはアニマと同様に異性の人物として夢に現れたり，周囲の男性に投影されたりします。

　女性にとって最も身近な男性像は父親です。やがてそれが年長の男性のイメージを経て，移行していきます。アニムス像もまた，四つの段階を経て発展していきます。初めの段階は力で，男性の力強さや肉体的な逞しさを示すスポー

ツ選手のイメージです。そして次の段階では，強い意志をもった行為の担い手がアニムスとなります。ですから女性がアニムスの問題を抱えている時は，完全無欠な頼もしい男性に導かれた将来を夢想することがあります。あるいは自分自身の能力を誇示することに熱中し，しばしば排他的かつ他罰的になるのです。自分の唱える硬い思考の枠組みから外れる事柄や人物を非難し，破壊的な態度に出るわけです。男性以上の働きぶりで一目置かれつつ，男性を凌ぐ厳しさで恐れられている女性上司などがこれにあてはまるでしょう。アニムスの第三段階は言葉の段階，第四段階は意味の段階です。深遠な知識に満ちた言葉を語る識者や，高い精神性を持った宗教家のような男性のイメージがこれらの段階におけるアニムスとなります。

　母親のアニムスの問題は，子どもに大きく影響を及ぼします。現代は女性にもさまざまな経験と学識を積む場が保障され，発言や活躍の機会が増えてきた一方で，家事や育児の負担はどうしても女性に偏りがちです。仕事と家庭の両立の難しさから，社会での活躍をあきらめざる得ない女性もまだ多くいます。こうした女性の自尊心の傷つきはアニムスの問題を生み，自分が実現し得なかった人生の身代わりを子どもに求めて，厳しいアニムスの力で子どもを支配するとき，さまざまな悲劇が生じます。ユングもまた，アニムスにとらわれて論理の刀を振りかざす女性を批判的に見ています。本来の女性性を大切にしながら，同時にアニムスに向き合う努力を惜しまず高い意味を持つアニムスとの統合を目指す姿勢は，これからを生きる女性にとってさらに重要になってくるでしょう。

太母（グレイト・マザー）

　私たちの人生の始まりに最も多くの影響を与えた人物を問えば，多くの人が母親と答えるのではないでしょうか。さらにその後の成長過程においても，母親への愛着と葛藤はとくに重要なテーマの一つと言えるでしょう。ですから，優しい母への思慕を歌った歌や詩は，古今東西に数え切れないほど存在します。私たちの生命を生み出してくれた母，無償の愛で私たちをはぐくんでくれた愛情あふれる母の姿は，いつでも多くの人の心に響くテーマなのです。

　しかし一方では，実母による虐待が深刻な社会問題になっています。また，

童話や昔話にはいじわるな"継母"の物語が数々見られます。心理学者河合隼雄氏（1994）はグリム童話の「ヘンデルとグレーテル」を取り上げて、母親の二面性を説明しています。食べるものにも困るほど貧しいきこりの夫婦が、幼い兄と妹を森の奥へ厄介払いするところからはじまるこの物語は、皆さんもご存じでしょう。この母親は"継母"で、兄妹を森へやることを躊躇する父親を強引に説き伏せます。森の奥に迷い込んだ兄妹は、やがて魔女が住むお菓子の家にたどり着きます。魔女は兄を太らせて食べてしまおうともくろむのですが、妹が機転を働かせて魔女を退治します。二人は魔女のためていた財宝を持って、無事に家に帰りつきます。その時には例の意地悪な継母は亡くなっており、兄妹は父親と三人で楽しく暮らしたというお話です。実はこの物語の原話では、母親は継母ではなく実母であったそうです。また物語の中で魔女が死に、継母も亡くなっているという顛末から推測できるように、自分が食らうために言葉巧みに兄を囲って太らせる魔女もまた、母親の一面と考えられるでしょう。産み、抱き、育むという温かく愛情に満ちた顔だけではなく、絡みついて飲み込む不気味な顔もまた、母親の一面と言えるのです。太母は個人に特定の母親像ではなく、イメージとしての母親の持つ複雑な側面を映しだす元型です。

　子どもが不登校になるにはさまざまな理由があるのですが、そのなかに太母の否定的側面が強く関係していると思われる例があります。

　たけし君（仮名）は、14歳の中学二年生です。本来ならば遊びや部活、勉強に忙しい年ごろのはずですが、彼は中学入学後しばらくしてから学校に行かなくなりました。そしてほとんど家から出ることなく、テレビとゲームをして過ごしていました。学校を休み始めた当初、両親がスクールカウンセラー（以下SC）に相談に来ました。そこで不登校のきっかけは、中学受験に失敗し志望校に入れなかったことに加え、ゴールデンウィーク明けに出すはずの宿題ができていなかったことと、そのために数日学校を休んだところ担任から電話で強く叱咤激励されたせいだと、学校の対応を強く非難しました。担任やSCが家庭訪問をしましたが、たけし君は会ってくれませんでした。やがて一向に登校しようとしないたけし君を母親が強く叱責したことをきっかけに、彼は自室に引きこもるようになりました。すると母親はあわててたけし君の機嫌を取

るように，ゲームや漫画を買いそろえて彼の部屋へせっせと届けました。始終彼の顔色を見て一喜一憂し，たけし君の方はそんな母親に対して傍若無人に振る舞い，生活が乱れるようになりました。SCはこのやり取りを見守り，母親の干渉が事態を難しくしている可能性があると考えました。不登校が始まり半年が過ぎたころ，母親もだいぶ落ち着きを取り戻し，SCとの面接を重ねながらこれまでのたけし君との関係を振り返ることができるようになっていきました。そして，たけし君との心の距離をおくようにというSCのアドバイスを受け入れて，パート仕事をはじめ日中家を空けるようになりました。するとたけし君が自室を出て過ごす時間が増え，家族との会話も再開するようになりました。この頃にはSCが訪問すると，たけし君はポツリポツリと自分のことを話すようになりました。「今，これからどうしたいか，ちょこっと考えてる。でも，まだ親には言いたくない」，「うちの母親って過保護でしょ。いつでも次にどうするか先に決めて，いろいろ言ってくる」，「中学校は楽しかった。でも親がまたすぐに塾を申し込んできて。それで全部が嫌になった。小学校の時もずっと塾で，殆ど遊べなかったし……」SCとのこうしたやり取りを通じて，たけし君は少しずつ自分のやりたいこと，できることを模索しはじめました。そのプロセスが，彼の気持ちを尊重しながら見守るようになった母親の存在に支えられていたのは言うまでもありません。

　ではたけし君の母親こそ，太母像そのものなのでしょうか？実は母親との面接を続けるうち，彼女はいつも漠然とした不安感や焦燥感をもち，なんでも先回りして準備しておかないといられない強迫性格であることがわかりました。また彼女の母親は感情の起伏が激しくとても気難しい人であり，彼女は幼少時からいつも母親の機嫌を気にしていたということでした。こうしたエピソードから，彼女自身もまた母親像との葛藤に苦しんでいる人であったことが推測できるでしょう。

　ただし太母像が，その人の実の母親そのものに由来するというわけではありません。もちろん両者は強く関連しているのですが，ユングがこの元型をマザーとせずグレイト・マザー太母と呼んだことからもわかるように，そこには現実の母を超えた，いわば普遍的な母親イメージが込められているわけです。女性の自己実現にとって太母の肯定的な側面と否定的な側面を統合し，発展させ

ていくことは大切な過程です。

老賢者

　わたしたちの成長には，慈しみ育んでくれる母性的な愛が不可欠であると同時に，道を示し教え導いてくれる父性的な存在も欠かせません。とくに男性にとって，心の成長の到達点である自己の人格化されたイメージは老賢者の姿で示されます。老賢者と呼ばれる元型は，理想の父親像や教師，上司，宗教家，政治家などの権威的な指導者として，あるいは太陽や雷などの自然現象，さまざまな宗教における男性的な神の像のなかに見出されます。ユングが彼の精神的な導き手としたフィレモンという人物のイメージは，まさに老賢者にあたります。また，登場人物の人物造形にユング心理学の強い影響を受けているといわれる映画「スターウォーズ」では，主人公が老賢者的な師に導かれ，人間的に成長していくさまが描かれています。

　さて，ここまでユングの示した元型のうち，主だったものを紹介してきました。ここでもう一度，ワーク5のシートを振り返ってみましょう。あなたの体験した夢やイメージから，何かあなた自身について教えてくれる元型的メッセージが感じ取れましたか？

3 わたしとあなた

ワーク6：わたしの年表

　ワーク6のシートを見てください。誕生から現在まで，それぞれの時期を思い出して，例を参考に，その時期に印象深い出来事と，その時期のあなたにとっての重要人物を記入してみましょう。

　書き終わって感じたこと，発見したことがあれば，感想欄に記入してください。

親との関係

　誕生から思春期を迎えるまでの間，私たちが最も多くの時をともに過ごし，計り知れない影響を受ける相手，それは親です。成人した後は，それ以前に比べると距離ができたとしても，生涯切っても切れないものが親子の縁なのです。ですから，親は一生を通じて，私たちにもっとも大きな影響を与える他者であるといって過言ではないでしょう。

　思春期に入り，親の干渉や指図がたまらなく嫌になり，反抗的な態度をとったことがある人は少なくないでしょう。この時期の子を持つ親たちは，子どもの急な態度の変化に嘆き，「反抗期」と口にします。ここでいう反抗期は，正しくは「第二反抗期」です。2〜4歳程度の時期に，自我が芽生え自己主張が激しくなる頃がありますが，これを第一反抗期と呼びますから，思春期は第二反抗期となるわけです。この頃になると，親離れ・子離れが，親子関係の重要なテーマになってきます。とくに子どもは，親への依存を断ち切って自立的な存在であろうともがきます。これを「心理的離乳」と呼びます。実際の離乳は，乳児期から幼児期に移行する時期に，母乳を断ってそれ以外の食物から栄

ワーク6：わたしの年表

幼い頃から現在まで，それぞれの時期を思い出して，例を参考に，その時期に印象深かった出来事と，その時期のあなたにとっての重要人物を記入してみましょう。出来事はいくつ書いてもかまいません。

時期	出来事	重要人物
（例）小学校高学年	（例）転校	（例）担任の○○先生，△△ちゃん
誕生・幼い頃		
小学校低学年		
小学校高学年		
中学校		
高　校		
最　近		

感想：

養を摂るようになることを指します。けれども子どもたちはそれ以降も，心理的には親を頼りにし，その意味では完全に乳離れしきれないまま過ごしています。しかし，思春期を迎えるころにはこうした関係も変化してくるわけです。

思春期から青年期にかけての親子関係の変化を説明した理論のひとつに，ブロス Blos, P.（1962）による「第二の分離個体化説」があります（**図 1.3.1**）。これは，乳幼児期の母子分離と心理的発達に関しマーラー Mahler, M.S. が論じた「分離個体化理論」をもとにした考え方です。マーラーは，赤ちゃんが母

年齢	区分	図式	特徴
10歳〜12歳	分化期	中間対象（同性の友人） 母　子	・自我とエスとの不均衡が生じて，母親に汚い言葉を吐いたり，「おてんば」ぶりをみせる ・母と子の中間対象として，同性の友人と交流する
12歳〜15歳	再接近期	母　子	・第二次性徴にともない，物理的には親と距離をおくが，心理的には母親に対して退行して，依存と独立のアンビバレントな感情を示す。
15歳〜18歳	練習期	移行対象（友人・同僚） 父・母　子	・物理的・心理的に親と距離をおき，その孤独感や悲哀感を補う意味で交友関係が活発になる。その過程で自我理想を形成しやすい。 ・同性の親に対して反抗・批判が高まる。
18歳〜22歳	個体化期	父・母　子としての同一性	・しだいに親との一定の物理的・心理的距離を保った関係が形成される。 ・安定した自己評価ができるようになる。
22歳〜+α歳	親を全体対象として捉えられる時期	父・母　子（エス・自我・超自我）	・調和のとれたパーソナリティが形成され，親をよい面もわるい面ももった全体対象として捉えられる

長尾博『ケース青年心理学』（p.14, 1991, 有斐閣）より

図 1.3.1　思春期から青年期にかけての親子関係の変化

親と母子一体の状態を十分に良いものとして体験し，やがてそこで培われた母親との情愛的結びつきに支えられながら，自立していく過程を理論化しました。ブロスはこれにならって，母親との依存と自立をめぐる葛藤が再燃する思春期・青年期を，第二の分離個体化が生じる時期であると述べました。親との関係で，くっついたり反発したりしながら，徐々に親離れを敢行し，一人前に自立していくというのです。子どもはその成長過程で，母親べったりの幼い時期を過ぎると，友人との関係に支えられながら徐々に母親に反発するようになります。やがて思春期に入ると，反発心は残しながら心理的には再び母親を求め，頼りにする時期が来ます。頼りたいし甘えたいけれど，世話を焼かれたり指図されるのはごめんだ，というわけです。

こうした両価的な時期を経て，青年期には信頼し尊敬できる友人との親密な関わりが発展していき，本格的な親離れが進んでいきます。この段階では，はじめは同世代の友人の考えや行動に心酔し，逆に同性の親に対しては批判的で反抗的です。しかし，10代の終わり頃から，段々と親のことも自分自身のことも，客観的に見つめることができるようになってきます。こうなると，親とは心理的にも物理的にも適度な距離を保ちながら，良い関係を築けるようになります。こうした段階を経て，やがて親への愛情は変わらず抱きながらも，安定した自分らしさの感覚を持ち，本格的に自立していくようになるというわけです。

ワーク7：嫌いな人・苦手な人

あなたが身の回りの人の中で嫌だなあ・苦手だなあと思う人物を，1名思い浮かべてください。まず，その人の特徴，苦手なところを書き出します。さらに，その人の服装や表情，姿勢や動作の特徴も書きましょう。

次に，軽く眼をその人の様子を思い浮かべます。その人になったつもりで，姿勢や表情，しぐさをまねて動いてみましょう。5〜10分ほど，その人になりきって過ごしてみてください。

最後はその人になったつもりで，ワーク7のシートに，その人からあなたへあてた手紙を書きます。その人とあなたの関係について，何か発見したこと，

ワーク7：嫌いな人・苦手な人

　苦手なあの人になったつもりで，あなた宛てに手紙を書きます。その人とあなたの関係について，何か発見したこと，わかったことはありますか？　感想を書いてみましょう。

＿＿＿＿＿＿＿＿＿さん（あなたの名前）へ
＿＿＿＿＿＿＿＿＿（その人の名前）より

感想：

わかったことはありますか？　感想を書いてみましょう。

友だちとの関係

　自分が書いた年表を見てください。いつの頃からか，友だちが親と同様，いえそれ以上の重要人物になってきていませんか。思春期・青年期は新しい対人関係が発展する時期です。親との関係が遠くなるのと反比例して，友だちの大切さが増してくるのです。

　図1.3.2は，友人を選ぶ要因が年代とともに変化する様子を調べたものです。小学校低学年までは，家が近所だったり，席が近かったりといった要因が強く作用しています。

　小学校中学年くらいになると，なんとなく面白い，かわいい，一緒にいると楽しいなどが主な要因になってきます。この頃子どもたちは5～10人程度の仲間グループを作って，いたずらや冒険に熱中するようになります。こうした集団はギャング集団と呼ばれ，この年頃は"ギャング・エイジ"と言われます。

　けれども，小学校高学年から中学に入る頃に，こうした友達関係に変化が見られます。複数の仲間と集団ではしゃぐのではなく，気の合った1～2人の同性の友人との親密な関係を大切にするようになるのです。こうした相手をチャム，このつながりをチャムシップと呼びます（Sullivan, H.S., 1990）。女の子同士がヒソヒソ話に興じたり，おそろいの小物をそろえたり，休み時間のトイレまでいちいち一緒に行ったりするようになるのがこの時期です。男子であれば，共通の趣味や部活の仲間と"つるむ"ようになります。なんでも話し

交友選択の要因
　相互的接近：家が近い，席や並び順が近い，など
　同情愛着：何となく好き，かわいい，おもしろい，など
　尊敬共鳴：知的能力や性格で尊敬できるところがある，気が合う，趣味が同じ，など
　集団的協同：支え合える，協同して活動できる，など

田中熊次郎『新訂 児童集団心理学』(pp.200-201, 1975, 明治図書)

図1.3.2　友人を選ぶ要因

あえる同性の友達は、親には言えない秘密を打ち明けたり、異性への関心を共有できる相手としてかけがえのない存在になります。こうした友だちがいるから、心揺れるこの時期を乗り越えることができるのです。また、こうした特別な対人関係は、それまでの親子間で育まれてきた関わり方とは異なる体験をもたらします。この概念を提唱したサリバン Sullivan, H.S. 自身も、チャムとの関わりによって、幼い頃の体験から生じていた対人関係の問題を克服できたと述べています。こうした関わりを経て親離れが進み、やがて出会う異性のパートナーとの一対一の関係の準備が整っていくのです。

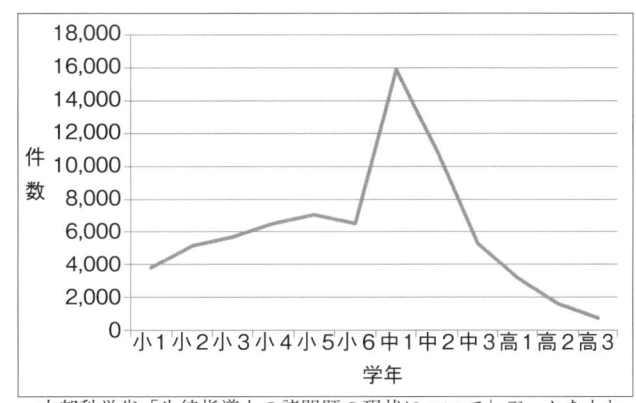

文部科学省「生徒指導上の諸問題の現状について」データをもとに著者作成

図 1.3.3　いじめの認知件数（学年別）

　ところで、文部科学省の調査による学年別いじめ発生件数のグラフ（**図1.3.3**）を見てみると、中学1年、2年がもっともいじめが多いことがわかります。友だち関係に変化がみられ、気の合う相手との少人数の親密なつながりが重要になる時期だからこそ、自分とは異質だと感じた他者を猛烈に排除する傾向が生じるとも考えられるでしょう。

　しかし高校生以上になると、お互いの異質性を尊重しあう雰囲気が生まれてきます。個性の違う者同士が、教えあったりカバーしあいながら関係性を築いていく集団は、"ピア・グループ"（保坂・岡村, 1986）と呼ばれています。

　皆さんの友人関係はどうでしょうか？　自分と趣味趣向の似た人たちばかりに囲まれていませんか。自分とは異なる個性を持った人を受け入れ、互いの違いを尊重し合うような友人関係が持てていますか？

　もう一度ワーク6・7を振り返って、自分の対人関係の持ち方について、何か気付いたことはありますか？　あなたはどういう人と友達になりやすいでしょうか？　自分と似ている人ですか、それとも自分にはない"何か"を持って

いる人でしょうか？　どういう人が苦手ですか？　なぜ，そのような人が苦手なのでしょうか？

みんなの中でのわたし

　わたしたちは誕生から死まで，生涯を通じて常に多くの人たちとの関わりの中で生きています。家族，友だち，学校，職場……こうしたさまざまな集団との関わりを抜きにしては，わたしたちの生活は成立しません。集団には，学校や会社といった社会的な集まりもあれば，仲良しグループのようにプライベートな集まりもあります。それぞれの集団は，私たちの生活や活動を支えてくれる場となることもありますが，時には集団内での対人関係や，集団と自分との関わりの中で，傷付いたり悩んだりすることもあります。

　さて，心理療法の方法のひとつに「集団療法」というものがあります。これは，わたしたちの悩みや葛藤の多くは対人関係上の問題が原因であるという考えに従って，集団での話し合いにより心の治療を進める方法です。具体的には，数人のメンバー（参加者）が集まり，治療者を交えて話し合いをするというものです。心理療法やカウンセリングと聞くと，一対一での話し合いを想像する人が多いかもしれません。

　では，なぜこのような複数で話し合う方法が有効なのでしょうか。人は誰しも固有の対人関係のスタイルがあります。社交的で場を明るくするけれども，時には度が過ぎて，場を独占してしまうスター気取りの人。いつでも集団の片隅にいて，黙って誰かから声をかけられるのを待っている控え目な人。このような長年染みついた対人関係の持ち方は，ある場面では効果的に作用するかもしれませんが，いつもそうとは限りません。スター気取りの人は，はじめは注目されて良い気分になれますが，そのうち周りにうんざりされ，孤立するかもしれません。控え目な人は，対人関係上の摩擦を起こすことが無い一方で，自己主張の乏しい退屈な人として疎まれるかもしれません。

　集団療法の場では，そうした問題が再現されるというわけです。メンバー間や治療者とのやり取りに，その人が日ごろとりがちな対人関係のスタイルが現れた時，治療者が中心となり，他のメンバーの助言も借りながら問題に向き合

うことは，その人の対人関係の問題点を解決するのに役立つというわけです。

あなたには，対人関係の悩みがありますか？

社会学の役割理論（Mead, G.H., 1934）では，人は幼い時から周囲の人との関わりを通じて，自分が期待されている行動を理解し，役割を身につけていくとされています。そうして身につけていった役割が，その人らしさを作っていくというのです。たとえば不仲な両親のもとで育った一人息子は，いまにも解体しそうな家族を和ませて繋ぎとめるために楽しいムードメーカーに徹してきましたが，大人になって両親のもとを離れても，どこへいっても知らず知らず道化役を担っているかもしれません。頼りにならない父親のために困窮する一家の長女は，家族を安心させるためにいつでも頼りになる大黒柱のように振る舞ってきました。彼女は成人して家族と離れた後も，どこに行っても頼りになるリーダー役を買って出るかもしれません。ここまで明確ではないかもしれませんが，わたしたちは誰しも周囲の期待や必要に迫られ，何らかの役割を担っているというわけです。

さて，こうした役割という視点をさらに発展させ，心の悩みの解決や成長に生かした方法があります。モレノ Moreno, J.L. によって生み出された，サイコドラマという技法です。彼は，役割とは取らされるものばかりでなく，自らが能動的に演じるものでもあると考えました。そして即興劇の中でさまざまな役割を演技する体験を通じて，人はそれまで身に着けていた社会的役割から解放され自分の中に新たな役割を見出すことができるとしたのです。それまで自分がとってきた役割を見つめなおし，現在の心の悩みの解決するために，あるいは今後の自分が満足できる人生を送るために，新たな役割を見出していくというわけです。

ワーク8：さまざまな役割

さてここで，自分や他の人が対人関係の中でとりがちな役割について考えてみましょう。先述のスターや控え目な人，道化，大黒柱などのほかに，どんな役割が思い浮かびますか？ ワーク8のシートに，あなたが思いつく限りの役割を書いてみましょう。

その中に，あなたがとりがちな役割がありましたか？　あなたは何故その役割をとってきたのでしょうか。あなたがやめたいと思っている役割は何ですか？　これからとってみたいと思う役割は，何ですか？　感想欄に書いてみましょう。

ワーク8：さまざまな役割

　あなたが思いつく限りの役割を書いてみましょう。その中に，あなたがとりがちな役割がありましたか？あなたは何故その役割をとってきたのでしょうか。あなたがやめたいと思っている役割は何ですか？これからとってみたいと思う役割は，何ですか？

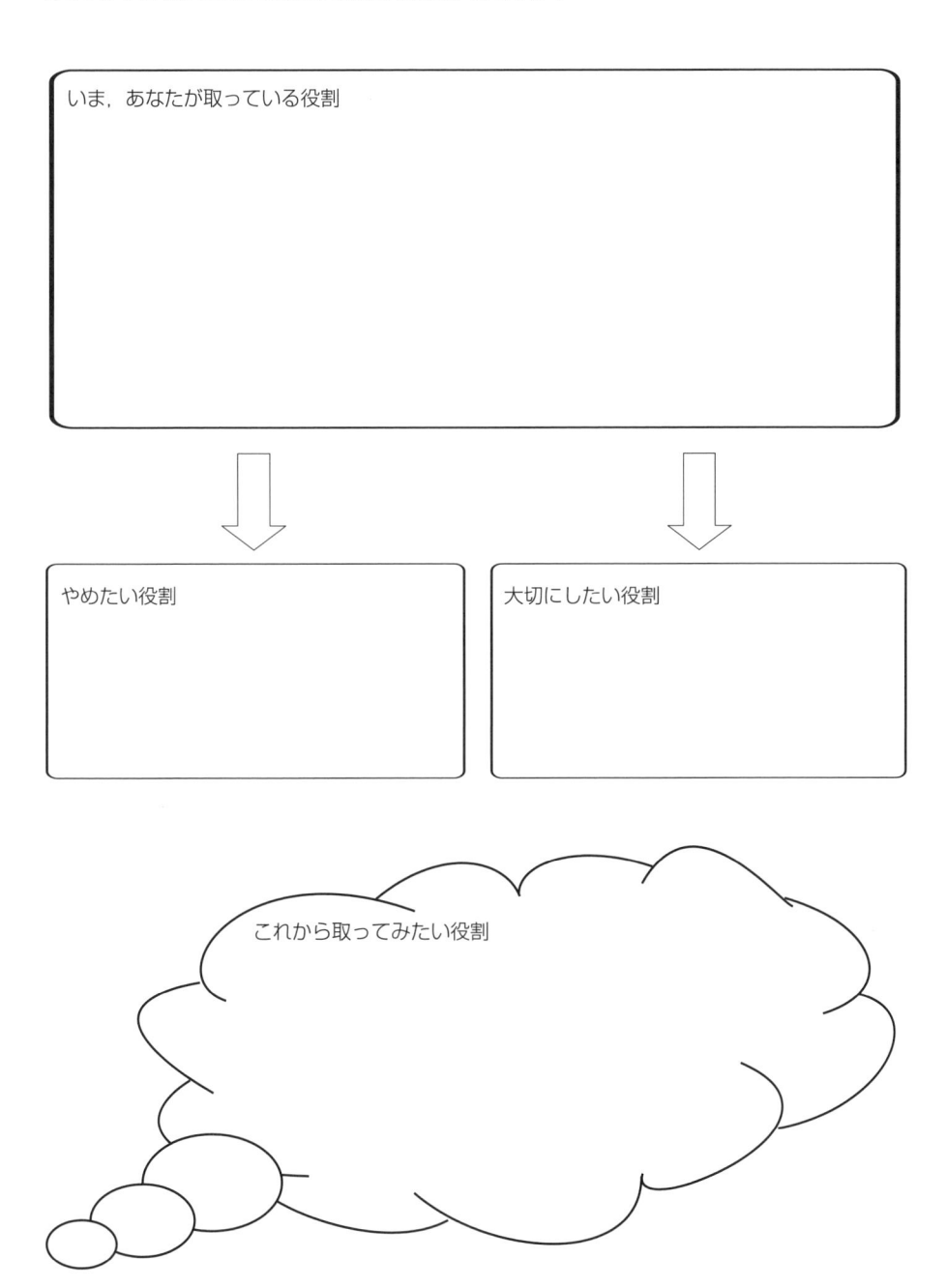

いま，あなたが取っている役割

やめたい役割

大切にしたい役割

これから取ってみたい役割

II
からだ

　日本語で「相手の身になって考える」と言う時，皆さんは文字どおり相手の身体の状態について考えますか？　おそらくは，その人の気持ちや立場を慮るのではないでしょうか。哲学者市川浩（1992, 2001, 2004）は，場面に応じて"身体"，"心"，"自己"，"立場"，などさまざまな意味を持つ"身"ということばをあげ，それは「単なる身体でもなければ，精神でもなく —— しかし時としてそれらに接近する —— 精神である身体，あるいは身体である精神としての＜実存＞を意味するのである」と述べています。私たちが自分という存在について考えるとき，心のことを考えるだけでも，また身体のことに気をつけるだけでも十分とは言えません。本章では，「精神としての身体」あるいは身体と精神の合一性をテーマに，身体に目を向けて学びを進めていきたいと思います。

1 私たちの身体

　私たちの心の動きを考えるとき，身体とのつながりを無視することができません。たとえば心理療法を通じて心のケアを行う臨床心理学では，「身体に関する病気については身体医学があり，こころのことを扱う心理療法には関係がない。あるいは，心理療法はこころのことが問題なのだから，身体のことを考える必要がない。このような考えはあまりにも単純すぎて，実際とはそぐわない。人間の身体とこころは，（中略）相当な相関関係をもっている（河合，2000）」という考えが一般的になっているようです。

　実際に心身症（第Ⅲ部を参照）のように，心理的ストレスから身体症状が現れる場合があります。また，身体の具合がよくないときは気持ちもすっきりしないものです。

　他者や環境との関わりにおいても，身体は大きな意味を持ちます。私たちは，言語機能を発達させる以前から身体を通じて多くの体験を他者と交換し，また分かち合ってきました。それは生後間もない頃，母親の腕に抱かれた時に触れあった皮膚の感覚，腕の中でゆすられたリズムの心地よさ，愛情にあふれた表情やしぐさを目にした体験に始まります。これは，やがて言葉を十分に使いこなせるようになった後でも続いています。言語能力が発達した成人であってさえ，自分の心の内を全て言語に置き換え説明することは困難です。また，あえて言葉にしない想いが，表情や仕草で伝わることもあるでしょう。ですから，発達の途上にある思春期・青年期の人たちにとっては，混沌とする心の内を言葉にして語る難しさはなおさらではないでしょうか。

　心のことを考えるとき，身体のことを考えるのは不可欠といえるでしょう。

ワーク9：身体の地図

皆さんは自分の身体と，どのように付き合っていますか？

私たちは毎日いろいろなことを感じたり，考えたりしています。そうしたプロセスの源となる，何かを見たり，聞いたり，触れたり，匂ったり，味わったりといった五感を通じた体験や身体感覚，平衡感覚，内臓感覚といった感覚は，全て身体を通じてもたらされています。

ここでは少しの間，身体に意識を集中してみましょう。色鉛筆かカラーサインペン，クレヨンなど色を塗る道具と，鋏と糊を準備してください。

1. 楽な姿勢で床に横になります。もし難しければ，できるだけ楽な姿勢で椅子に腰をかけます。そしてできるだけ穏やかで深い呼吸を繰り返します。軽く目を閉じたほうがよいのですが，目を閉じると心配な感じがする人は少し開けていてもよいでしょう。
2. 自分の呼吸に関心を向けましょう。息を吸ったり吐いたりする時，おなかが膨らんだりへこんだりする様子を感じて見ましょう。さて呼吸が整い落ち着いた気分になったら，身体のさまざまな部分に意識を集中させていきます。各部分に3～5秒程度，心の中で関心を注いでいくといった感じです。順番は，身体の末端から中心に向かって進めていくのが良いでしょう。
   ①足の裏－足の指－足の甲
   ②脛とふくらはぎ－膝－太もも
   ③ここで一度，さらに深い呼吸をしてひと区切りします。
   ④尻－腰－おなか
   ⑤胸－心臓
   ⑥また，ここで一度，さらに深い呼吸をしてひと区切りします。
   ⑦肩－肘－腕－手－指
   ⑧もう一度ここで，さらに深い呼吸をしてひと区切りします。
   ⑨のど－顎－口－頬－耳－鼻－眼－おでこ
   ⑩頭

ワーク９：からだの地図

用紙１：からだに色を塗ってみよう！

78　Ⅱ　からだ

ワーク 9（つづき）

用紙 2：どんな場所がいいかな？描いてみよう！

1 わたしたちの身体　79

感想：

3. 次に，ワーク9の人型を見て下さい。これに，今味わった身体の各部分の感覚やイメージを好きな色を使って色付けしていきます。何色使ってもかまいません。言葉やシンボルとなるモチーフを描きこんでも構いません。2. と同じ順序で，足から塗って行くとよいでしょう。
4. 塗り終わったらその人を切り抜きます。丁寧に扱ってあげて下さいね。
5. あなたは，その人にどんな場所を用意してあげたいですか？　その場所の様子や景色を，用紙2に描きこんでみて下さい。そして切り抜いた人型を，その場所のどこかに貼りましょう。
6. でき上がったら，改めて自分の作品をじっくり見て，味わってみましょう。何か気付くことはありますか？　人型を彩色した時，他と違った色で塗ったところはありましたか？　塗りにくかったところはありますか？大切に感じた場所はありましたか？　なぜその場所に，その色を使ったのでしょうか？　その人をあなたの描いた場所に貼ってみて，気付いたことはありますか？
7. 感想をワーク9のシートに書き込んでみましょう。

いかがでしたか？　皆さんの身体は，何を感じているのでしょうか？　何を求めているのでしょうか。ときどき，身体からのメッセージに耳を傾けてみるとよいかもしれませんね。

他の人は自分の身体を，どのように感じているのでしょうか。大学院生の作品を紹介します。

ワーク9：作品1

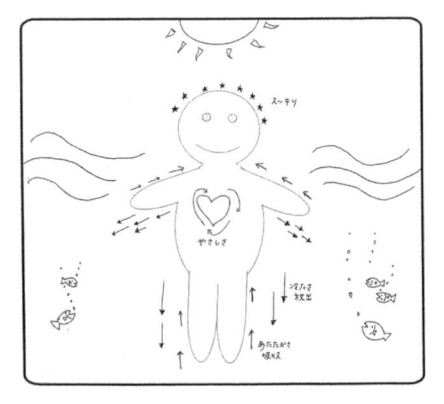

ワーク9：作品2

ボディ・イメージ

　思春期を通して大人らしく変わっていく自分の身体を，とまどいつつも良い変化として受け取れるか否かは，自分の身体を評価する視点，すなわちボディ・イメージと大きく関わっています。ボディ・イメージとは，実際の身長・体重や体形がどの程度かということではなく，個人が自分自身の身体についてどのように感じているかということです。急速な身体の変化を体験するこの時期に，自分の身体に違和感を感じる人は少なくありません。

　では皆さんは，自分の身体が好きですか？　自分の身体を美しいとか，かっこいいと感じていますか？

　近年の研究では，思春期・青年期の人たちの多くが，健康的な標準値よりもかなり痩せた身体を「美しい」，「かっこいい」と感じ，そのようになりたいと希望しているといった調査結果が出ています（**表 2.1.1**）。皆さんはどうでしょうか？

　ためしに身長と体重のバランスから，肥満度を算出してみましょう。これは通称BMIと呼ばれる計算方法で，BMI＝体重（kg）／身長（m）の二乗

表 2.1.1　大学生の現在，理想，健康的体型

指標		女子（N=369）			男子（N=70）		
		現在	理想	健康	現在	理想	健康
身長 (cm)	M	158.4	161.2	158.4	171.4	176.5	171.4
	SD	(5.17)	(4.28)	(5.17)	(5.94)	(4.75)	(5.94)
体重 (kg)	M	52.5	48.4	50.4	65.4	66.1	63.4
	SD	(6.35)	(4.01)	(4.83)	(10.81)	(6.82)	(5.32)
BMI (kg/m^2)	M	20.9	18.6	20.0	22.2	21.2	21.6
	SD	(2.20)	(1.23)	(1.32)	(3.30)	(1.59)	(1.20)
肥満度 (%)	M	−4.9	−15.4	−8.9	1.1	−3.6	−1.93
	SD	(9.98)	(5.59)	(6.02)	(15.00)	(7.22)	(5.48)

　現在の身長・体重と理想の身長・体重および現在の身長に対する健康的な体重の記載を小数点第1位まで求めた。
　西沢義子・冨滞登志子・五十嵐催津子「大学生のダイエット行動とボディ・イメージ・性役割観との関連」，日本看護研究学会第29号4巻，pp.57-62（2006）より

で計算できます。この値が18.5～25であれば標準で，18.5未満は痩せすぎ，25以上では肥満とみなされます。しかし，実際には標準の範囲内にあるのに，自分のことを「太りすぎ」と感じる若い人が少なくないようです。

　では，どうして実際の肥満度とは異なったボディ・イメージを持つことになるのでしょうか。ピーターセンとテーラー（1980）によると，ボディ・イメージの形成には，①親や他者が与える評価・反応・印象，②その青年のパーソナリティ，③社会文化的要因が関わっているそうです。ですから，私たちが暮らす現代日本の社会文化的状況や，それらに洗礼を受けているお互いへの視線が，私たちのボディ・イメージに多大な影響を及ぼしているのは言うまでもないでしょう。

　ボディ・イメージの形成には，第二次性徴の発現時期も影響します。周囲に比べ比較的早い時期に生じたか（早熟者），あるいは遅めにやってきたか（晩熟者）によって，それに対する心理的反応に違いがあるのです。また男女間でも，その受け取り方には違いがあるようです。小学校の修学旅行でお風呂に入った時に，発達の早い子は気恥ずかしさを感じることが多いようですし，まだまだ子どもらしい体つきの子の場合は，同級生の大人びた体に圧倒され，早く大人になりたいと焦りを感じるようです。

　斎藤（1990）は，性的成熟の発現に対する心理的受容度を研究し，第二次性徴のもたらす複雑な心境の一端を明らかにしています（**表2.1.2**）。

　この結果からは，男子に比べ女子のほうが，恥毛や初潮へのとまどいなど，第二次性徴へのネガティブな反応が若干強いことがうかがわれます。さらに，早熟者と晩熟者の社会適応について比べると，男子では早熟者のほうが仲間に魅力的に映り人気を得やすいのに対し，女子はどちらかと言えば不利となる傾向が報告されています。早目に大人らしい体つきになった女子の場合，自分の身体を魅力的と感じにくく，また周囲の評価も肯定的とは言い難い傾向があるというわけです。

　こうした点から考えると，周囲の人の評価や反応に敏感で，影響を受けやすい人の中には，この時期に深刻なボディ・イメージの混乱を体験する場合があるのもうなずけますね。その中には自分の身体に故意に傷をつけたり，身体に直接的に装飾を行う身体改造を行う人がいます。リストカットやアームカット

表 2.1.2 性的成熟の発現に対する心理的受容度

人数（%）

心理的受容度	男子			女子		
	変声	恥毛の発毛	精通	乳房の発達	恥毛の発毛	初潮
おとなになれて，とてもうれしかった	2 (2.9)	4 (4.4)	1 (2.5)	8 (11.6)	5 (7.0)	11 (15.7)
おとなになる上であたりまえだと思った	18 (26.1)	34 (37.8)	19 (47.5)	12 (17.4)	11 (15.5)	14 (20.0)
別に何とも思わなかった	39 (56.5)	31 (34.3)	12 (30.0)	40 (58.0)	27 (38.0)	13 (18.6)
いやだったが，しかたないと思った	7 (10.1)	17 (18.9)	5 (12.5)	8 (11.6)	22 (31.0)	27 (38.6)
とてもいやで，できればそうなってほしくないと思った	3 (4.3)	4 (4.4)	3 (7.5)	1 (1.4)	6 (8.5)	5 (7.1)

斉藤誠一（1990）「思春期の身体発育が心理的側面に及ぼす効果について」，青年心理学研究会1989年度研究大会発表資料より

などの自傷行為や，タトゥー（刺青），ボディ・ピアスなどです。彼・彼女たちは，まるで自身の身体をキャンバスにして切実な自己表現を行っているかのようです。

また精神障害のなかにもボディ・イメージの混乱と密接な関係を持つものがあります。極端なやせ願望を抱く摂食障害や，自分の容姿に過度なコンプレックスを抱く醜貌恐怖などです。彼や彼女たちは，ダイエットしてどんなにやせ細っても，あるいは何度も美容整形手術を受けて顔貌を変えても，決して満足しません。彼や彼女が「醜い」，「嫌いだ」と感じているのは自分の身体でしょうか，それとも心なのでしょうか。これらについては，あとの「思春期・青年期の心の危機」の章でくわしく述べます。

身体か，精神か？

ここまで，ボディ・イメージという概念を通して身体と精神の相互作用についてお話してきました。

ところで，あなたは自分という存在について考えるとき，まず自分の身体の

状態について注目しますか，それとも心の在り様について目を向けますか？そうしたときに，身体の状態が気持ちに影響を及ぼしていたり，逆に心理状態が身体に反映されていることに気づく人もいるかもしれません。ここでは，もう少し精神と身体のつながりに注目してみましょう。

17世紀のフランスの哲学者デカルト Descartes, R. は，身体は物質的なものであると考え，感情やイメージの宿る精神とは切り離して考える心身二元論を示しました。この考えは，長く西洋哲学の世界で支持されてきました。けれども，近年になって，こうした心身論にも変化が見られています。メルロ＝ポンティ Merleau-Ponty, M. らデカルト以降の哲学的研究では，身体と精神は切り離して考えることができないと唱え，両者の統合を思索の対象とするようになってきました。

こうした心身をめぐる多様な哲学的視点は，心理学と相互に大きく影響を及ぼしながら発展してきました。これまでに紹介したフロイトやユングは，どのような心身観を持っていたのでしょうか。無意識という観点から，精神と身体のつながりについてもう少し考えてみましょう。

無意識と身体

皆さんは，「アルプスの少女ハイジ」というアニメをご存知ですか？　アルプスの山でおじいさんと暮らす少女ハイジを描いたこの物語が，最初にテレビ放映されたのは1974年ですが，ハイジの健気さと，アルプスの自然，印象的な主題歌が評判で，何度も再放送されているので見たことがある人も少なくないでしょう。ある時，山で暮らしていたハイジが都会のお金持ちゼーゼマンさんの家に，からだの弱い娘さんクララの遊び相手としては住み込むことになりました。クララは足には何も問題がないにもかかわらず，なぜか立って歩くことができませんでした。身の回りの世話は召使に任せ，車いすに乗って暮らしています。クララとハイジはとても仲良くなるのですが，やがて山を恋しく思うハイジは徐々に元気がなくなり，夢遊病になってしまいます。そして山へ返されたハイジのもとへ，今度はクララが尋ねてきます。山の空気やハイジたちとの暮らしは，クララを少しずつ元気にしていきます。足も少しずつ動くよう

になっていきました。そんなある日，どうしても一歩を踏み出せないクララに対し，ハイジが腹を立てて叫びます。「クララの弱虫！」。この言葉を聞いてクララは意を決し，自分の足で歩き始めるのです。

　とても感動的な場面ですが，これはアニメの中ばかりで起こることではありません。精神科の病気に転換性障害（第Ⅰ部（37 頁）のヒステリー症と同義）というものがあります。クララのように，本当はそのような症状が現れる身体的異常がないのに，歩けない，見えない，声が出ない，といった症状に悩まされるケースがあります。こうした症状は仮病ではなく，本人も実際にとても困っているのです。原因にはストレスが大きく影響しているといわれていますが，自分ではコントロールできない無意識の作用がこのような症状を作り出していると考えられています。

　そもそも，フロイトが無意識を発見するきっかけを与えたのは，彼の友人であった医師ブロイアー Breuer, J. の治療した女性患者アンナ O 嬢の症例でした。彼女は，父親の看護をきっかけに精神的混乱に加えて四肢の麻痺や感覚消失といった身体症状に苦しみました。そしてその治療に役立ったのは，催眠状態で無意識の葛藤を語った体験でした。また先に紹介したルーシー嬢のほかにも，義兄への秘めた恋心と姉の死の葛藤から歩行困難になったエリザベート嬢の症例など，フロイトの治療例では，無意識が身体に作用して症状が生じたケースが報告されています。同様の報告は，現代の精神科医療の場でも珍しいものではありません。

　ところでフロイト（1964, 1970）は，「われわれは，身体内部からも意識への報告を受ける。これはわれわれの精神生活に対して，外的知覚以上に強力な影響を及ぼすさまざまの感情である。（後略）」と述べ，精神の在り様には身体的体験が影響していることを認めていました。けれどもそうした「身体組織から発生したさまざまの本能」をエスと名づけ，その奔放さは自我によってコントロールされなければならないと考えました。彼の生み出した精神分析の治療では，身体と強く結びつく本能的なエスの衝動が自我によってコントロールされることを目的としたのです。

　ところで，転換性障害の治療から精神分析の偉大な理論と技法を生み出したフロイトですが，実は後年このフロイト自身がさまざまな身体症状に悩まされ

たとは皮肉な話ですね。

　さて、ユングの人間観や心のとらえ方がフロイトのそれと大きく異なったのは、意識と無意識を統合し、心の全体性をとらえることを重視した視点にありました。さらに彼は、「身体と精神を一つのものとして考えたり、同じプロセスとして考えられないのは、われわれの精神のもつきわめてなげかわしい性格によるものです。恐らく、この二つのものは一つのものでありましょう」（1935, 1976）と述べて、心と身体は切り離して考えられないものであるとして、両者の統合を重視する視点を呈示しました。

　彼は治療にあたって、さまざまな芸術活動を用いました。そしてその中には、心の内奥から沸きあがってきたイメージの記録や表現方法のひとつとして、舞踏を取り入れたものもありました。さらにユング自身は、自らの心身状態の調整にヨガを取り入れていました（1962）。また、ヨガの心身論のような、東洋の思想や哲学に多大な関心を寄せ研究を行いました。

　身体から発生する本能的な衝動のコントロールによる精神の安定を目指したフロイト、身体と精神の統合に関心を示し身体活動を利用したユング……あなたは、どのように考えますか？

身体も，精神も！

　精神分析の始祖フロイトが主張した、身体に蓄えられた無意識を可能な限り意識化し明かにすることを目指した姿勢は、今日も臨床心理学に多大な影響を及ぼしています。けれどもその後ユングをはじめ、多くの心理学者が身体と精神を分かちがたいものとしてとらえる見方を提唱してきました。そして、心の治療のために身体活動を用いることを企て、実際に幾つもの有効な治療技法が生み出されています。臨床心理学は言語を通じて身体の制圧を目指した地点から、精神と身体を分かちがたい一つのものとしてとらえ、そこで生じる問題には言語と身体的体験双方を効率よく用いて統合的に取り組んでいこうとする方法へと変化してきたのです。

　では次に、簡単にできるエクササイズを紹介します。やってみましょう！

ワーク10：ゆっくり・速く

①できるだけ広いスペースを用意して，まず自由に歩き回りましょう。
②次はできるだけゆっくり歩いてみましょう。止まらないように，でもできるだけゆっくり動いてみて下さい。
③今度はできるだけ速く歩いて下さい。走らないで，でもできる限り急いでください。
④もう一度，ゆっくりと速くを交互にやってみましょう。

さて，"ゆっくり"動いている時と"速く"動いているとき，どちらがやりやすかったでしょうか？ 気分に違いはありましたか？
感想をワーク10のシートに書き込みましょう。

私たちは地球上で，同じ時間の流れの中で生きています。ですから，1日が24時間で1時間が60分であることは変えられません。けれども，1時間の中でできるだけ速くたくさんの作業をこなそうとする人がいる一方で，同じ1時間でもじっくり進む人もいます。どちらの人がいいとか，劣っているというわけではありません。ただ，ある人は速く動き，また別の人はゆっくり動くという違いがあるだけなのです。

速く動くのが好きな人に尋ねると，速い時は「気持ちいい」，「自分が有能だと感じる」といった答えが返ってきます。また，ゆっくり動くと「苦しい」，「抑えつけられているよう」，「イライラする」といった感想が出ます。

一方で，ゆっくりが好きな人は，速い時は「辛い」，「追われている感じがする」，「どうしても急ぐことができない」と言います。しかしゆっくりな時には，「落ち着く」，「自分が尊重されている感じがする」といった感想が聞かれます。

もう一度言いますが，どちらがいいとか悪いということではないのです。ただ違う，ということです。あなたはどのように感じましたか？ 普段のあなたは，速さを大事にしていますか？ それとも，ゆっくり派でしょうか？

あなたにとって，"速い"ということ，あるいは"ゆっくり"ということは，どんな心理的意味を持つのでしょうか？

ワーク10：ゆっくり・速く

> 好きなのは，「ゆっくり／速く」（どちらか選択）動くこと。なぜならば……

> 苦手なのは，「ゆっくり／速く」（どちらか選択）動くこと。なぜならば……

「ゆっくり／速く」のほかに，「大きく／小さく」や「重く強く／軽く弱く」といった対照的な動きを交互にやってみるとよいでしょう。

どちらのほうがやりやすいとか，やっている時の気分の違いがあるかもしれません。どうして違うのか，考えてみるとよいでしょう。

感想：

ワーク9，ワーク10は，著者が実践しているダンス／ムーブメント・セラピー（以下DMTと表記します）のアイデアを取り入れたエクササイズです。DMTは即興的なダンスを使って心身の健康維持・回復を目指す治療法です。

ほかにも，モレノMoreno, J.L.によるサイコドラマ（心理劇），パールズPerls, F.S.が始めたゲシュタルト療法など，身体活動を積極的に使った治療法や，ジェンドリンGendlin, E.T.が開発した"フォーカシング"，ユング派の分析家であったミンデルMindell, A.によるプロセス指向心理学など，身体感覚に注目した理論や技法がいくつもあります。日本でも，成瀬悟策によって開発された臨床動作法があります。

ところで，実はわれわれの生きる東洋の哲学思想では，精神と身体を一つのものとしてとらえ，そこで生じる問題には言語と身体的体験双方を効率よく用いて統合的に取り組んでいこうとする視点が古くからありました。基盤となる仏教思想には，「心身一如」という心身観が伝承されています。これは曹洞宗の開祖・道元（1200～1253）によることばで，道元の記した「正法眼蔵」（1990）には「身と心とをわくことなし」と書かれています。すなわち，心身を分かちがたいものとしてとらえる考え方です。ですから東洋では，仏教の修行に由来したヨガや禅，武術など，身体活動を通し精神状態の変容を目指す活動がいくつもあります。日本でも，古典芸能や武術等の習得においては「心身一如」の考えが重んじられ，その修行は肉体の鍛錬のみならず人間的成長を目指すものとされるなど，古くから身体活動に宿る精神性が重視される傾向がありました。さらに歌道，能楽，茶道などの芸道においても，芸術的創造の能力を訓練し向上させていく稽古の過程では，この「心身一如」の考え方が大切にされています。

さらに，東洋では心理学や哲学，医学，宗教などさまざまな要素が宗教の枠組みの中でとらえられてきた素地があります。日本で発祥した心理療法のなかには，森田療法や内観療法など，身体技法を通して精神修養に取り組み心身の健康の維持や回復に効果をもたらす宗教の修行法にルーツをもつものも多く見られます。

心の発達と身体

　心の発達の基盤にも，身体があります。先に述べたように，赤ちゃんは言葉を使えない生後間もない時期から，母親との身体を通じた関わりの中でさまざまな体験を重ねているからです。

　発達心理学や精神分析の領域で使われる"ミラーリング mirroring"という概念があります。これは日本語では"映し返し"と訳されますが，乳幼児の感情状態を母親が映し返す現象を指し，表情や声，身振り，姿勢など非言語的な次元で多くみられるとされています。フロイト以降に活躍した精神分析家のなかでも，マーラー Mahler, M.S.（1975；高橋訳 2001）やコフート Kohut, H.（1977；本城他訳 1995）らは，養育者による"映し返し"が乳幼児の情動性や自己感の発達に不可欠であると述べています。さらに成長後も，身体動作や姿勢，表情，発声やリズムといった非言語的なコミュニケーションは，私たちが日常的に他者と気持ちを共有するときに大切な役割を果たしています（Stern, D.N. 他，1985；小此木他訳，2004；奥寺他訳，2007）。

　つぎに，症状とその治療のプロセスから心と身体のつながりの深さを感じさせるケースを紹介します。

　サチコは 17 歳。本来は高校 2 年生のはずですが，中学校でのいじめをきっかけに不登校になり，卒業後は自宅に引きこもって生活していました。困り果てた母親に付き添われてカウンセリングに訪れた時には，うつむき，引きずるように重い足取りで，抜毛癖から頭頂部の毛が薄くなっていました。言葉数は少なく，カウンセリングでも「辛いよー」，「死にたいよー」とつぶやくほかは，ため息を続くばかりでした。カウンセラーはそんなサチコの深いため息に調子を合わせ，「そうねー」，「辛いよねー」と応じました。こうしたやり取りが続くうち，サチコはカウンセリング室にお気に入りの CD を持参するようになりました。切ない歌詞はサチコの心を代弁するようで，静かな曲がかかる中，すすり泣きが続きました。カウンセラーはすすり泣くリズムに呼吸を合わせながら，サチコとともに静かな時間を過ごしました。

やがてサチコは趣味のイラストを描きながら，ポツリポツリと母との心のすれ違いや寂しさ，無関心な父親への怒りを話すようになりました。イラストは徐々に色遣いが激しくなり，そのうち腕を激しく動かしながら強い筆遣いで紙を真っ赤に塗りつぶすことが続きました。このころには，抜毛癖は収まり，家では母親に強い口調で自分の気持ちをぶつけたり，「お母さーん」と甘えて身体をすりよせたりするようになりました。母親はカウンセラーの指導でサチコの気持ちを受け止めるよう聞き役に徹し，時には抱きしめたり頭をなでたりと言ったスキンシップを行いました。こうして1年以上がたった頃，サチコはイラストを学ぶ専門学校への入学を決め引きこもり生活から卒業していきました。

　はじめに述べたとおり，発達の途上にある思春期・青年期の人たちにとっては，混沌とする心の内を言葉にして語ることは容易ではありません。息遣いやリズム，身体の動きに共感的に応じ，言葉以外で語られる表現に心を寄せるとき，身体を通じた対話が成立し，そこから言葉が生まれていきます。
　私たちが自分の身体や他者の身体を心地よいものと感じ，自然な身体感覚や身体の動きを体験できることは，心のバランスを整え他者と良い関係を築くためにとても大切だといえるでしょう。

2 性：ジェンダーとセックス

ジェンダーとセックス

　思春期・青年期の心身について考えるとき，「性」というものは大きな役割を果たしています。ここでは，ジェンダーとしての性，セックスとしての性について考えてみましょう。
　日本語の「性」という言葉を広辞苑（新村出，2008）でひいてみると，

　　①うまれつき。さが。
　　②（多く接尾語的に）物事のたち・傾向。
　　③（sex）男女，雌雄の区別。
　　④（gender）名詞を分類する文法規範の一つ。
　　⑤ジェンダーに同じ（ジェンダー：生物学的な性別を示すセックスに対して，社会的・文化的に形成される性別。作られた男らしさ・女らしさ）。

とあります。ここではそのうち，③と⑤の意味での「性」について考えてみたいと思います。英語では，性別の違いを語る時にそれぞれの意味の違いから「セックス sex」と「ジェンダー gender」という2つの語を用います。また，男女の性交も「セックス sex」ですが，これについても考えてみましょう

ジェンダー

ワーク11：理想の自分

「理想の自分」像を想像してみましょう。あなたが「なりたい自分」の外見

や性格を思い浮かべて，ワークシートに書き込んでください。

　さて，「あなたは男性ですか，女性ですか？」，こう聞かれて，あなたは「そんなの決まってるさ，だって○○がついてるんだから」と答えるかもしれません。本当にそうでしょうか？
　自分の性を認識することを性同一性と言います。私たちの性同一性は，生まれながらに確立されているのでしょうか。実は子どもが自分の性を認識するのは，2歳頃だといわれています。言語を獲得する時期にようやくそれを認識するというわけです。さらにマネーとタッカー Money, J. & Tucker（1979）によると，性別の認識には，生まれながらの生物学的な性のみならず，性別指定も大きく影響するということです。すなわち，男に生まれたから，あるいは女に生まれたから，それぞれの生物学的性に即した性同一性が確立されるというわけではなく，そのように育てられたから，という側面も大きいというわけです。「女の子なんだから，もう少し控え目に」，「男なんだから，泣くな！」など，わたしたちはごく幼い時から，性役割を担わされています。こうした社会的な期待は，それぞれの性同一性の発達に大きく影響しています。また，思春期以降は，異性への性的な牽引も「男らしさ・女らしさ」の意識を強化する大きな要因です。魅力的な男性がそばにいるときのほうが，そうでない場合よりも女性は小食になるという実験報告があるほどですから（Pliner & Chaiken, 1990）。
　次に，**表 2.2.1** を見てみましょう。これは，日本における性役割のステレオタイプを示したものです。性役割とは，それぞれの性に割り当てられている社会的な期待のことです。さて，あなたの「理想の自分」像は，実際の性別の性役割ステレオタイプとどの程度一致していますか。現代の青年期の女性にこの質問をすると，理想像には男性のステレオタイプに含まれる特性が多く含まれている傾向があります。
　ところで，本当に男性と女性の特性や能力には大きな違いがあるのでしょうか。スペンサーら（Spencer, Steel & Quinn, 1999）が男女の大学生を対象に実施した実験では，数学のテストを行う前に「このテストは性差がない」と伝えてから実施した場合のほうが，そうでない場合に比べ結果の性差が少なかっ

ワーク11：なりたい自分

あなたが理想とする，「なりたい自分」の姿を描いてみましょう。

理想の自分は，こんな人。描いてみましょう！	
理想の性格	
理想の体型	
理想のファッション	
ほかにも，「こんな自分だったらいいな」と思うことがあれば書き出してみましょう。	

表 2.2.1　日本における性役割ステレオタイプの内容

特性		男子	女子
外観上	服装	ズボン，背広，ネクタイ	スカート，ワンピース，ネックレス
	ことば遣い	「ぼく」「おれ」	「わたし」
	興味	スポーツ，野球，車	洋裁，編物，料理，家事
身体上の特性		背の高い 筋肉のたくましい 力の強い 体力のある 運動のよくできる	ほっそりした（きゃしゃな） 長い髪 色の白い よわよわしい かわいらしい
性格上の特性		冒険好き 攻撃的な 意志の強い 理性的な 自己主張のつよい 行動力のある 経済力のある 指導力のある 決断力のある 政治に関心のある 学歴のある 仕事に専心的な	美しい おしゃれな 行儀のよい やさしい 涙もろい 従順な 細かいことに気づく 謙虚な 依存的な

無藤隆・高橋惠子・田島信元編（1990）「発達心理学入門II」東京大学出版会より

そうです。体力・知力等全ての能力において，男女に差が無いというわけではありませんが，どうやら「女性は数学が苦手」というのは，事実ではないようですね。

しかし一般には，女性的な特性に比べ男性的な特性のほうが，社会的な望ましさという視点からは，高い評価を受ける傾向にあるといわれています（伊藤，1978）。ですから，男女の役割の違いがより明確になる思春期以降，女性は周囲から期待される役割と自分の抱いている役割観とのズレによる葛藤を感じがちであると考えられるでしょう。

ワーク12：どっちが得か？

　みなさんは，自分が「男性」であるために，あるいは「女性」であるために，損したことや得したことがありますか？　あるいは，自分とは異なる性別の人たちについて，その性別のために「得してる」または「損してる」と思われることがありますか？　自分の性別と，異なる性別，それぞれについて得な点，損な点を考えて書き出してみましょう。

　さてこのような性役割は，個人の属する文化や社会，時代によって違いがあるといわれています。日本では，買い物は女性の仕事とされていますが，イスラム圏の国では買い物は男性の仕事です。また，これまでの日本の社会では男性が外で働き収入を得て，女性は家で家事や育児をこなすのが一般的と考えられてきました。しかし，現代は「育メン」という言葉の流行からも明らかなように，男性の家事や育児への参加が少しずつ一般化してきました。ですから先程紹介した日本の性役割ステレオタイプも，近年は急速に変わりつつあります。女性の高学歴化と社会進出の機会の増大は，男女平等志向を強めてきました。これに伴い，女性に期待される性役割も変化し，かつてに比べて女性は性役割を受け入れやすくなってきていると考えられます。

　厚生労働省の調査でも，女性の有業率の上昇が指摘されています。なかでも，かつては結婚や出産，育児を機に家庭に入る傾向が高いと指摘されていた，大卒・大学院卒のいわゆる高学歴女性の35歳以降の有業率の降下が見られなくなっています。これは，未婚率の上昇や晩婚化などで，この年代の女性でも仕事を続けるものが増えてた結果と考えられます。また，大学卒業直後の就業行動の男女差もなくなりつつあるとされています。

　しかし，近年の調査でも，結婚や育児を理由に離職する女性は少なくありません。また男女の賃金格差も依然として存在しています。変化しつつある性役割意識と現実の就労状況にズレがあるというわけです。このズレは，なぜ生じるのでしょうか。一つには，女性の社会進出を支持する社会制度上の仕組みづくりが不十分であることがあげられるでしょう。都市部では，保育園入園を希望する待機児童数が増加を続けるなど，働きたくても働ける環境を得られない人が多くいます。女性の職業人としての可能性が高く評価されるようになった

ワーク12：どっちが得か？

　みなさんは，自分が「男性」であるために，あるいは「女性」であるために，損したことや得したことがありますか？　あるいは，自分とは異なる性別の人たちについて，その性別のために「得してる」または「損してる」と思われることがありますか？
　自分の性別と，異なる性別，それぞれについて得な点，損な点を考えて書き出してみましょう。

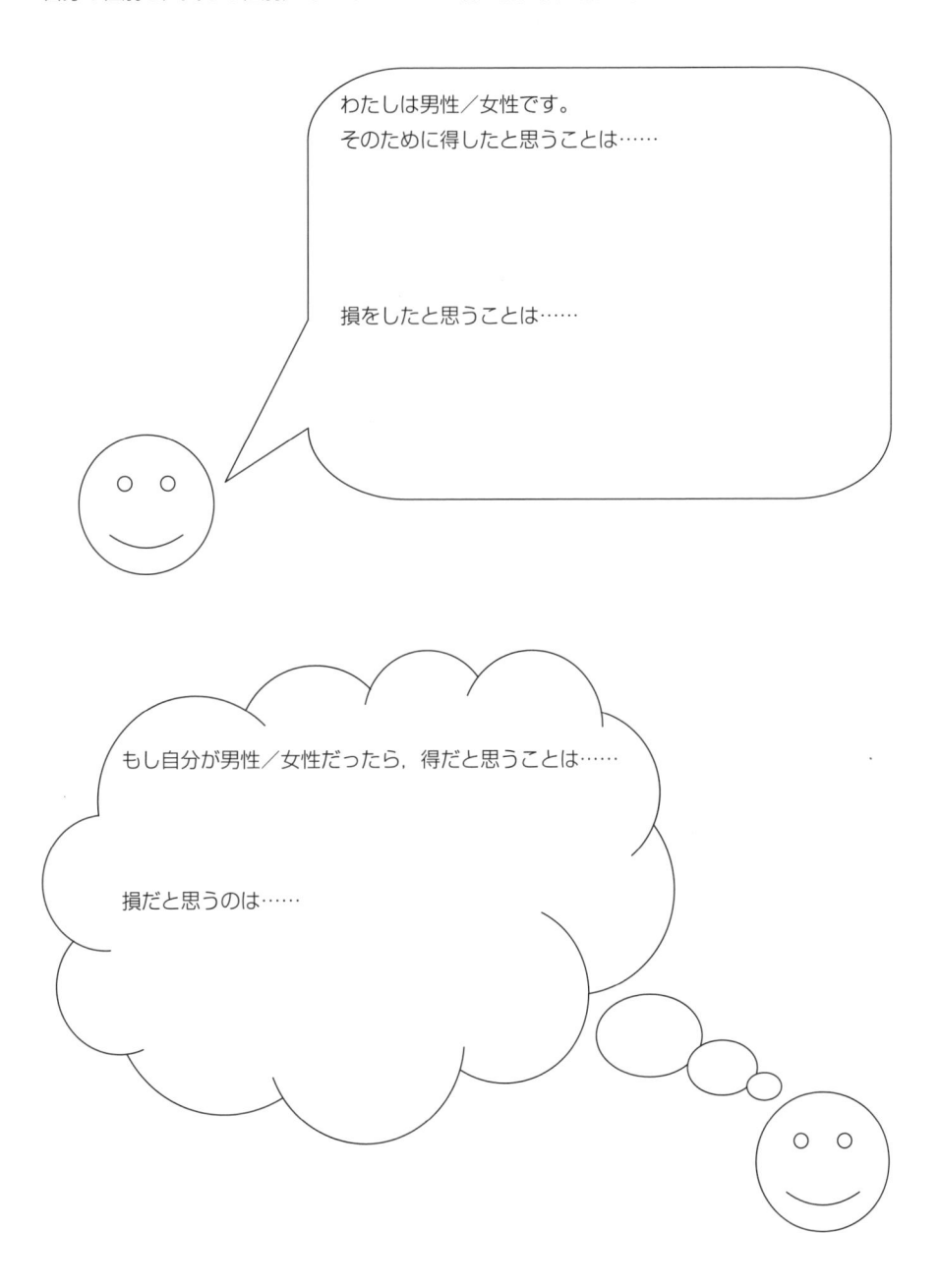

わたしは男性／女性です。
そのために得したと思うことは……

損をしたと思うことは……

もし自分が男性／女性だったら，得だと思うことは……

損だと思うのは……

にもかかわらず，現代も女性が家事と育児の中心的な担い手である現実に変わりは無いようです。一方で，従来の性役割分業を支持し，専業主婦を希望する女性も少なくありません。職業指向がそう強くない女性や，家事や育児に生きがいを見出す女性も多いためです。女性の生き方や，役割意識はかなり多様化しているのかもしれません。

また，男性に期待される性役割はもう少し複雑なようです。日本文化にはもともと相互協調性を重視する傾向がありますが，近年はさらに「草食系男子」が話題になるなど，あからさまにマッチョイズムを誇示する男性は人気がありません。「細マッチョ」に代表されるように，一見は華奢でも実はしっかりと筋肉が付いているような，中性的で柔らかい物腰の中にも芯のしっかりした男性性が求められるというわけです。また，結婚や離婚で離職する女性が依然として少なくない中で，男性が家計の主たる担い手である状況は変わりありません。亭主関白は嫌われるものの，やはり男性には家族を養う従来の"男らしさ"を求められる傾向があるようです。しかし，産業構造の変化にともなう厳しい雇用状況の中で，安定した就労と十分な賃金を得ることも難しくなっています。昨今の中高年男性の自殺率の上昇は，男性が担う役割の重さを象徴しているようです。

従来の性役割意識の受容度は女性に比べ男性のほうが高い傾向にありました。しかし，近年のこうした性役割期待の複雑化や，社会情勢の変化に伴い，今後は男性も性役割の受容に葛藤を感じることが増えるのではないでしょうか。

性同一性をめぐる問題

さて，性役割意識は，わたしたちの生き方に少なからず影響を与えています。その中でも，生まれながらに備わった身体的特性から判別される性に，深刻な違和感を持つ人たちがいます。精神医学の用語で性同一性障害 Gender Identity Disorder と呼ばれる人たちです。こうした悩みは公表しづらいものですし，医療機関の受診者数にしても，その国の性同一性障害への社会的偏見の強さや医療サービスの受けやすさに応じて異なっています。ですから，この障害の出現率について正確な数字をあげるのは困難です。しかし，一説に

は1000人に一人程度はいるかもしれないといわれています（野宮他，2003）。原因については，まだ調査研究が続けられている段階ですが，性同一性障害の人とそうでない人の脳の一部に違いがあるという報告や，胎児期の性ホルモン異常に起因するという説があります。日本でも2003年には，定められた基準に基づき，性同一性障害の人の戸籍上の性別の変更が認められる法律が制定されるなど，この問題への社会的な認識が高まっています。

　男性として，あるいは女性として，みなさんは自分たちの性別をどのように受け入れ，生きていくのでしょうか。

　もしあなたや，あなたの周りの人が，自分の生物学的な性に違和感を感じているとしたら，この障害に関する正確な知識を得るとよいでしょう。インターネットではこれについていろいろな情報が得られますが，その中にはこうした悩みを持つ人の孤独につけこんだ悪質なものや，不正確な情報もまぎれています。ですから，まずは関連する本を手にしてみることをお勧めします。そして必要に応じて，性同一性障害を専門とする精神科医に相談するとよいでしょう。

性愛的な結びつき

　自分の性を見つめ，他者との親密な関わり合いを求めていく思春期以降，性交（セックス sex）を含めた性愛的な結びつきは，とても大切なテーマです。**図2.2.1**に示されるとおり，2007年度の調査では，中学生の40％割前後が性的なことに関心を示しています。その中で，デートやキスを含めた性行動の低年齢化が指摘されています（**図2.2.2，2.2.3**）。その理由として，携帯電話・パソコンの普及や，少子化に伴い

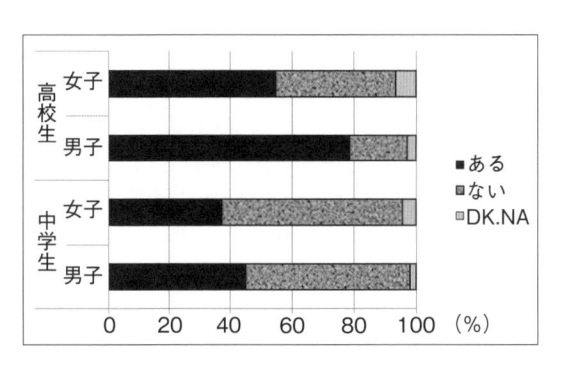

（中学生：男子1099人，女子1088人，高校生：男子1086人，女子1093人）日本性教育協会（編），2007年の巻末資料をもとに著者作成

図2.2.1　あなたはいままでに，性的なことに関心を持ったことがありますか？

個室を持つものが増えていることがあげられます。親の監督が行き届かない中で交友関係が広がるうえ，アダルトサイトなどから性情報が簡単に得られるようになったため，早い時期から性情報に触れ刺激を受け，親の目の行き届かない中で性的な関係が進展していくというわけです。

では実際のセックス経験は，いつ頃になるのでしょうか。中学生で4％前後，高校生では30％前後，大学生では60％前後の人がセックスを経験したと答えています（**図2.2.4**）。中学生以降は性的なことに関心を持つことが一般的で，性行動の活発化が低年齢化している一方で，実際にセックスを経験する時期にはある程度個人差があるということがわかります。こうした違いはどうして生じるのでしょうか。

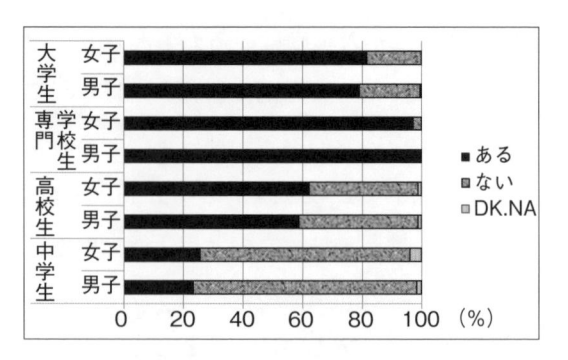

（中学生：男子1099人，女子1088人，高校生：男子1086人，女子1093人，専門学校生：男子32人，女子34人，大学生：男子538人，女子540人））日本性教育協会（編），2007年の巻末資料をもとに著者作成

図2.2.2　あなたはいままでに，デートをしたことがありますか？

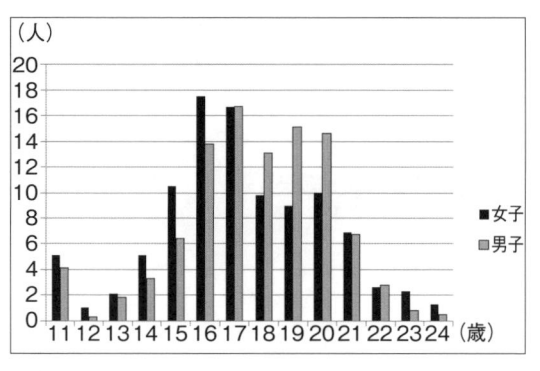

（大学生：男子538人，女子540人）日本性教育協会（編），2007年の巻末資料をもとに著者作成

図2.2.3　初めてキスの経験をしたのは，何歳の時でしたか？（対象：大学生）

財団法人日本性教育協会「若者の性」白書（2007）によると，高校生を対象に，携帯メールの利用状況とキス経験を調査した結果，一日に20通以上メールをする人は，男女とも圧倒的にキス経験が多いことがわかりました。また高校生を対象にした性行動と社会適応についての調査では，男子高校生では家族との関わりが「楽しい」と答えた人，また女子では「楽しくない」と答えた人ほど，そうでない人よりも若干キスの経験者が多いことがわかりました。また

学校での友人関係に関しては，男子では「楽しい」と答えた人と「楽しくない」と答えた人は，ほぼ同じ程度キスの経験があり，女子では「楽しくない」と答えた人のほうがキスの経験をした人の割合が高いという結果が出ました。これらの結果から，男女とも活発な交友関係を持つ人ほど性行動も活発になることがわかりました。さらに女子では，家族や学校内での友人関係に満足していない人ほど，性行動に結びつきやすいと考えられます。

このように早い時期から活発な性行動を行う人がいる一方で，大学生でも40％近い人はセックスの経験がありません。また，**図 2.2.5** にあるとおり，多くの若者はそれほど頻繁にセックスをしているとは言えません。一部の社交的で早熟な人た

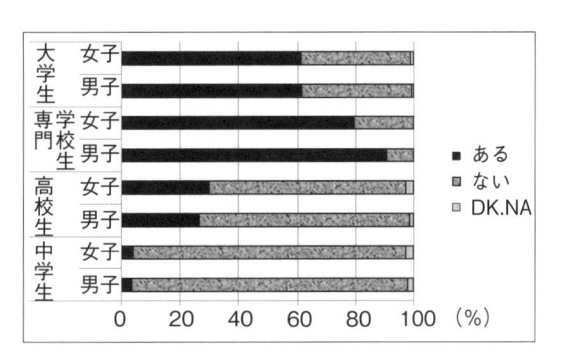

(中学生：男子 1099 人，女子 1088 人，高校生：男子 1086 人，女子 1093 人，専門学校生：男子 32 人，女子 34 人，大学生：男子 538 人，女子 540 人) 日本性教育協会（編），2007 年の巻末資料をもとに著者作成

図 2.2.4 あなたはいままでに，セックス（性交）の経験がありますか？

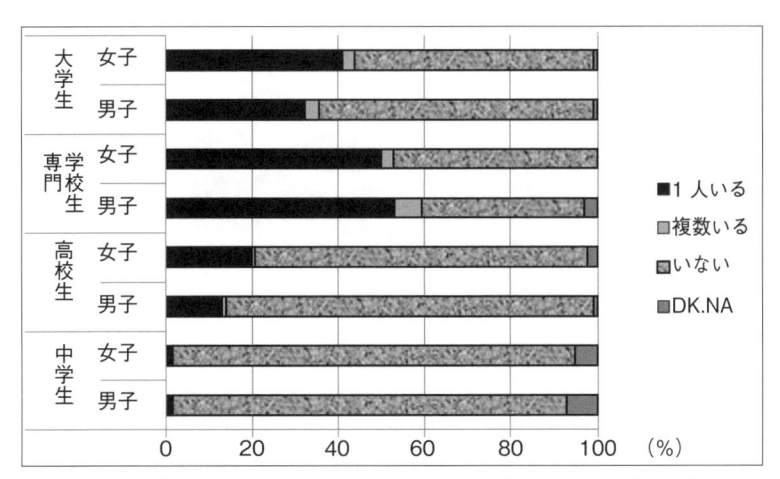

(中学生：男子 1099 人，女子 1088 人，高校生：男子 1086 人，女子 1093 人，専門学校生：男子 32 人，女子 34 人，大学生：男子 538 人，女子 540 人) 日本性教育協会（編），2007 年の巻末資料をもとに著者作成

図 2.2.5 あなたは現在，セックス（性交）をしている相手がいますか？

ちの体験談や、マスコミの取り上げ方により、若者の性行動は誇張されて伝えられている傾向があるでしょう。

実際には、多くの人が性行動そのものよりも、そこへ至るまでの恋愛体験を大切にしているのではないでしょうか。ハーロック Hurlock, E.B.（1973）は、恋愛感情の発達段階を次のように示しています。

1）段階Ⅰ：のぼせあがりと英雄崇拝の段階
2）段階Ⅱ：子犬の恋の段階
3）段階Ⅲ：デートの段階
4）段階Ⅳ：ステディの段階

一方的なあこがれや理想化に始まった恋が、徐々に相手の本質に目を向け、相互的な思いやりと理解に支えられた本物の愛情に育っていくようになるというわけです。性行動はこのプロセスの中でも、互いの親密さと信頼関係を確かめる大切な関わりと言えるでしょう。

性愛関係における痛み

愛する人との性愛的な結びつきは、安心や喜びをもたらす素晴らしい体験です。しかし、その中で心身ともに大きな痛みを経験させられることもあります。

その一つが、デートDV（Domestic Violence）です。これは、交際中のカップル間でおこる、性別に基づく暴力行為のことで、肉体的、性的、心理的な障害や苦しみをもたらす行為や、そのような行為を行うという強迫等をさします。2005年に内閣府が20歳代の人を対象に行った全国調査では、10歳代から20歳代の時の交際相手からの被害経験について、「身体的暴力」、「心理的攻撃」、「性的強要」を一つでも受けたことがあると回答した人は、女性では22.8％、男性では10.8％にのぼりました。

デートDVはどうして起こるのでしょうか。こうした関係は、しばしばセックスを主とする親密な関係がもたれるようになった後に起こるといわれています。親密な二人の関係の中で、相手を支配したり所有物のように振る舞うこ

とを愛情と勘違いし，自分に都合のよい関係を持とうとするようになるためです。

では被害者になる人は，相手に自分の気持ちを伝えることができない弱い人なのでしょうか。そうではありません。こうした関係が始まると，加害者は暴力や言葉で被害者を脅したり，被害者の自尊心を傷つけるような言動を繰り返します。あるいは加害者自身が幼少時の親子関係の辛い体験等を語り，被害者の同情心をあおって，自分の暴力を正当化することもあります。さらに，メールや電話の制限など，被害者が他の人に二人の関係について話すのを極端に嫌がることもよく見られます。「おまえは魅力がない」，「おまえは頭が悪い」などと罵られ続け，すっかり自分への自信がなくなった被害者は，加害者のもとを去る意欲さえわかなくなってしまいます。反論しようものなら，怒鳴ったり暴力をふるったりされます。さらに，他の人との関わりを規制されると，こうした洗脳状態は一層深刻になります。そして，いざとなっても安心して相談できる相手さえいないという状況です。

あなたやあなたの友達が，デートDVの被害にあったらどうしたらよいでしょうか。まずは恋人との関係について，身近な人に相談することが大切です。相談を受けたら，「なぜ別れないの？」などと決着を急かさずに，じっくり話を聞いてあげましょう。その上で，「あなたは悪くない」と励ましながら，問題を整理する方法を一緒に考えてあげましょう。そして，できれば大人に相談し，援助を求めるよう促すとよいでしょう。

同性愛

著者が思春期・青年期のカウンセリングを担当してきた中で，時折出会ったのが同性愛の相談でした。同年代の友達が異性のアイドルに熱をあげたり，エッチな話に興味津々になる中で，自分の性的興味や関心が同性に向かっていることに悩む若者もいます。こうした人たちには，もっと幼い時から自分は他の子とはなんとなく違う，という感覚がある人もいるようです。やがて思春期の入り口で，もしかしたら同性愛かもしれないと悩み始めます。この時期を経て，自分の性的志向がはっきりすると，次は周囲の人との関わりに苦しむ人が多い

ようです。ある少年は,「友だちと,心を開いて付き合えない。いつでも本当の自分を隠している気がする」と語っていました。とくに,親に打ち明けるべきか否かは大きな問題です。また勇気を出して打ち明けても,子どもから同性愛のことを打ち明けられ拒否的に応じる親も少なくありません。しかし,身近な人たちが理解し変わらぬ愛情を示してくれることは,彼らが健康で幸福な人生を送るためには不可欠です。実際に,社会的な偏見や差別にさらされがちな同性愛の若者は,異性愛者に比べると,自殺や薬物乱用,性感染症の罹患率が高いといわれています。先述の少年はやさしく真面目な性格でしたが,性の悩みから徐々に友人から孤立してしまいました。そして,仲間を求めて利用した同性愛者向けの出会い系サイトで,親身なメールを送り言葉巧みに誘ってきた年長の同性愛者に心を許したために,深刻なトラブルに巻き込まれかけました。また別の少女は,交際相手の女性に多額のお金を渡していました。彼女は食事代にも事欠く状態でしたが,相手の女性は携帯代に月々数万円も使うありさまでした。それでも自分の性的志向を受け入れてくれたから,という理由で,この少女は相手に貢ぎ続けていたのです。幸いなことに,どちらのケースも危機一髪のところで本人が親に相談し,問題解決に至りました。しかし,同性愛の若者をめぐる同様の危険は,後を絶ちません。

　同性愛については,まだ偏見が根強い傾向があります。同性愛の話題がマスコミに登場するときはかなり誇張されたり,スキャンダラスなイメージで取り上げられがちです。しかし多くの国々で,男性では5〜8％,女性では3〜6％の人たちが自分には同性愛傾向があると答えています。この値からも,こうした傾向が実はそう珍しいものではないことがわかります。同性愛者も異性愛者と同様に,自分やパートナーを大切にし,幸福な家族関係を築いて生きていくことが十分に可能です。服飾デザイナーとして有名なイヴ・サンローラン氏や,歌手のエルトン・ジョン氏など,自分の性的志向を公にして同性のパートナーと長年にわたる良い関係を築いている人たちもいます。

　同性愛傾向を持つ若者を孤立やトラブルから守るためにも,親や友人,教師と言った周囲の人たちは正しい理解と必要に応じた援助に努めなければならないでしょう。

Ⅲ
思春期・青年期の心の病と健康

　思春期・青年期は精神的にも，身体的にも，また社会的にもさまざまな変化にさらされる時期です。そのなかで心身のバランスが崩れる人も少なくありません。ここでは，第1章でこの時期に多くみられる症状や問題についてお話しします。それぞれの疾患を紹介するために事例を紹介しています。これらは著者が担当したカウンセリング経験の中で出会った方たちをベースに創作したもので，実在の人物ではありません。また，症状や病気の経緯には個人差があることをあらかじめお伝えしておきます。

　第2章では，ストレスケアの方法を紹介しています。皆さんが心の疲れを感じた時に使っていただけるよう，一人でもできる呼吸やイメージ法など簡単な方法ばかりです。

1　思春期・青年期に見られる問題

心身症

　思春期や青年期の人のカウンセリングを担当していると，継続的な身体の不調があるものの，内科や外科の診察ではこれといって原因が見つからないというケースによく出会います。こうした症状の発生には，心理的ストレスが大きく関係していることがあります。心身症の治療に取り組んだ精神分析家マクドゥーガル McDougall, J.（1989, 1996）が，心身症の症状としての「身体現象は，心からのメッセージに対する反応である」と述べているとおりです。すなわち，心理的な原因から身体症状が出るものを「心身症」と呼びます。

　表 3.1.1 は，その症状を一覧にしたものです。いかがですか，実にさまざまな身体症状が心理的ストレスと関係する可能性があることがわかりますね。

事例：ケンジ　17 歳

　ケンジは，高校 2 年生，17 歳の男子です。スポーツ万能で明るく，気配り上手なので，友だちにも人気があります。けれども高校 2 年の 1 学期半ばから，しばしば学校を休むようになりました。原因は頭痛です。前日までは，「明日こそ登校しよう」と準備を整えているのですが，朝になると頭が締め付けられるように痛く，布団から出ることができないまま昼過ぎまで横になっているそうです。母親に促されて昼食をとる頃には少しずつ痛みが薄れ，夕方には元気を取り戻すということです。大きな病院で検査も受けましたが，どこにも異常が無いとのことでした。こうした状態が 1 ケ月ほど続いた頃，ケンジは母親に勧められスクールカウンセラーに相談に来ました。成績はどちらかと言えば良い方ではないようでしたが，友人にも恵まれ学校生活は順調なようでした。家族も末っ子の彼を大切にしてくれていると明るい表情で語り，「どう

表 3.1.1 心身症の症状（器官別分類）

皮膚系	神経性皮膚炎，皮膚掻痒症，アトピー性皮膚炎，円形脱毛症，多汗症，慢性蕁麻疹，湿疹
筋・骨格系	背痛，筋けいれん（チック，書痙など），筋痛，緊張性頭痛，関節リウマチ，痙性斜頸
呼吸器系	気管支喘息，過呼吸症候群，ためいき，しゃっくり
心血管系障害	発作性頻脈，高血圧，血管れん縮（レイノー病，バージャー病など），神経性狭心症
消化器系	消化性潰瘍，慢性胃炎，潰瘍性大腸炎，過敏性大腸症候群，便秘，胃酸過多，幽門けいれん，空気嚥下症，心因性嘔吐
食行動異常	神経性無食欲症，神経性大食症・肥満
生殖泌尿器系	月経障害（無月経，月経困難症など），排尿障害（神経性瀕尿・過敏性膀胱，排尿困難，夜尿，インポテンツ
内分泌系	甲状腺機能亢進，糖尿病
中枢神経系	頭痛，めまい，失神
特殊感覚系	視力障害，耳鳴り
その他	ポリサージェリー（頻回手術），事故多発傾向

1）以上の疾患または病態のうち，情動要因が原因的役割を果たすものだけを心身症とする。
2）大熊輝雄『現代臨床精神医学・改訂11版』（p.293, 金原出版，2008）をもとに著者作成。

して頭が痛くなるかわからない」と首をひねりました。しかし，カウンセリングを重ねるうち，「高校二年になって皆が進路を決め始めたが，自分はやりたいことが見つからないことが不安だ。両親は○○大学程度には入っておいたほうがいいという。少し頑張れば入れるレベルだけど…」と言い，初めて暗い表情を見せました。やがて，「いつでも周りの皆が楽しい気分になるにはどうしたらいいかと，気配りしてきた。自分がどうしたいのか，考えたことはない。自分の気持ちがわからない」と話すようになりました。スクールカウンセラーは母親や担任に協力を求め，ケンジが自分から決めるまでは，進路決定をせかさないように頼みました。こうして，週一回のカウンセリングを続け，自分自身の気持ちに目を向ける作業を続けるうち，「自分は，勉強が嫌い。運動神経には自信がある。体育関係の仕事を目標に，大学選びをしたい」と話すようになりました。この頃には頭痛はすっかり治まり，当校もスムーズにできるようになっていました。その後，ケンジは自分の決めた進路に向けてマイペースで準備を進め始めました。

理解と心理的援助

　医療機関で検査を受けてもとくに悪いところは見つからないわけですから，周りからは"仮病"ではないかと疑われることもあります。けれども，本人にとっては辛い症状が存在しているのは事実ですから，これは"病気のふり"をしている仮病ではありません。そこで，こうした問題を抱えた人たちの話を注意深く伺っていくと，なんらかの心理的なストレス状況下にいることがわかってきます。しかし，本人にストレスを指摘しても，たいていは「確かに少し大変ですが，たいしたことはありません」とやんわりと否定されてしまいます。本人の気持ちとしては，それほどストレスを意識していないというわけです。この人たちはさまざまな症状による身体の不快を訴え，一生けん命に身体の治療に取り組みますが，肝心の心理的ストレスにはあまり関心を向けようとはしません。このように心身症の状態とは，心と身体とがうまくつながっていない状態ともいえます。

　心身症の症状が強い時は，医療機関で投薬を受け，辛い症状を和らげることも役に立ちます。しかしそれに加えて，カウンセリングを通じて自分の心に目を向け，ストレス状況から抜け方法を模索することも大切な治療です。

　はっきりと原因がわからない身体の不調を感じた時には，信頼できる友人や家族に相談するとよいでしょう。また，改めて生活を見直し，無理をしすぎていないか，がんばりすぎていないかと，自分に尋ねてみるのもよいでしょう。心身症症状は，身体からのメッセージだということもできるでしょう。

パニック障害

　電車に乗るのが怖い，と言う人がいます。よく話を聞くと，「以前，車内で急に息苦しくなり，このままでは窒息してしまうのではないかという恐怖に駆られたことがあるから」と言うのです。これは不安神経症の症状の一つで「パニック発作」というものです。突発的に不安感が高まり，動悸や息苦しさが襲ってきて過呼吸の状態になるもので，これが繰り返し起こる状態を「パニック障害」といいます。症状が強い時には，「このまま死んでしまうのではないか」といった恐怖感が沸き起こり，救急車を呼んで病院に駆けつけることもあ

ります。けれどもこうした発作は通常は数分間程度しか続かないので,多くは医師の診察を受ける頃にはおさまっています。そして,一度こうした発作を体験すると,「また起こるのではないか」という不安にさいなまれる人も少なくありません。これは予期不安と呼ばれるものです。そうなると,はじめに紹介したように,以前発作が起きた状況と同じ場に行くのを避けるようになります。ひどくなると外出そのものが苦痛になり,生活が大きく制限されるようになってしまいます。

米国精神医学会による診断の手引きでは,「パニック発作」の症状が次のように示されています(『DSM-IV-TR 精神疾患の分類と診断の手引き・新訂版』American Psychiatric Association, 2000;高橋他訳,2002,2009 より)。

強い恐怖または不快を感じるはっきり他と区別できる期間で,そのとき,以下の症状のうち4つ(またはそれ以上)が突然に発言し,10分以内にその頂点に達する。
1) 動悸,心悸亢進,または心拍数の増加
2) 発汗
3) 身震いまたは震え
4) 息切れ感または息苦しさ
5) 窒息感
6) 胸痛または胸部の不快感
7) 嘔気または腹部の不快感
8) めまい感,ふらつく感じ,頭が軽くなる感じ,または気が遠くなる感じ
9) 現実感消失(現実でない感じ)または離人症状(自分自身から離れている)
10) コントロールを失うことに対する,または気が狂うことに対する恐怖
11) 死ぬことに対する恐怖
12) 異常感覚(感覚麻痺またはうずき感)
13) 冷感または熱感

理解と心理的援助

パニック障害は,脳内の神経伝達物質のバランスが乱れるために起こると考えられています。それにより,本来は生命の危機とは言い難いようなわずかな不安や恐怖感にも,脳内で過敏な反応が引き起こされ発作が生じるのです。こうしたバランスの乱れが起こる原因は特定されていませんが,この病気にはストレスや性格傾向も関係しているようです。生真面目で几帳面,責任感の強い

がんばり屋タイプの人は，疲れていても手を抜いたり，誰かに代わってもらおうとはしません。周りからの評価を気にして，自分にとって負担が大きいことや，やりたくないことでも引き受けがちです。そうした状況が続くと，心にも身体にもなんとも言えない疲労感がたまっていきます。こうした状態は，パニック障害を起こしやすい状態と言えるようです。

　さて，パニック発作自体は，それで実際に命を落とすというものでもないわけですから，はたで見ているとそれほど深刻にはとらえられないかもしれません。けれどもこうした症状にとらわれている人にとっては，非常に苦痛が大きく，また恐怖感も強いものです。気にしすぎだと遠慮せず，心療内科や精神科など専門医にかかり，脳内の神経伝達物質のバランスを整える作用のある薬の処方を受けるとよいでしょう。また，カウンセリングも併用して心身の疲労の原因を明らかにし，解決していくとよいでしょう。リラクセーション法や身体の緊張をほぐす筋弛緩法などを取り入れながら，症状に対する正しい理解と対処法を身につけていく認知行動療法は，この病気の治療に有効だといわれています。

強迫性障害

　強迫性障害は，本人にとっては苦痛をもたらすような考えが繰り返し心に浮かび，打ち消そうとしても消しきれない状態です。不合理な考え，すなわち「強迫観念」が浮かぶだけの場合もありますが，それを打ち消すための行為，例えば不潔感を打ち消すために手を洗い続けるとか，火の消し忘れや鍵のかけ忘れが気になって何度も火の元や鍵を確認せずにはいられない，などの「強迫行為」を伴うものもあります。「そんなことにこだわるのは，バカバカしい」とか，「気にしすぎ，考えすぎ」と言うことはどこかで承知しているのですが，どうしてもそういった考えを拭い去ることができず，とらわれてしまうのがこの病気の特徴です。

事例：キヨシ　18歳
　キヨシは大学1年生，18歳の男子です。もともと几帳面で，何事もきちん

としていないと気が済まない性格でしたから，学校の勉強も「完璧」と思えるまで頑張ってきました。しかしいよいよ受験となると，どこまでやれば「完璧」なのかわからず気持ちが焦るばかりで，勉強に集中できないまま試験を迎えました。結果は第一志望ではなかったものの，その次に目標としていた大学に無事合格し，大学のそばで一人暮らしを始めました。

上京し親元を離れての大学生活は，とまどいの連続でした。都会育ちの同級生たちは何事にも余裕があるように見え，すっかり圧倒されました。新入生対象のガイダンスには出ましたが，校内のシステムは複雑で，広い大学の中で右往左往することがしょっちゅうでした。そんなわけで五月の連休前にはすっかりくたびれていましたが，それでも自炊や洗濯，部屋の片付けなどはきちんとしていました。どんなに疲れていても，自分のやり方を変えるとなんだか落ち着かず，かえって気分が悪くなるからです。

五月に入り，連休中は一人アパートですごしましたが，改めて見ると部屋全体がどことなく薄汚れていると感じられました。考えてみれば，それまでは彼以上に几帳面な母親が，いつでもピカピカに掃除した清潔な家に暮らしていたのです。けれども今のアパートは，どんなに整えても清潔な印象が持てませんでした。そこで彼は，連休をかけて一生懸命に部屋の掃除をすることにしました。しかし，もう十分掃除したと思えるまで頑張りましたが，どことなく不潔な感じを消し去ることはできませんでした。そればかりか，不潔な部屋を掃除した自分自身の身体もなんだか不潔に思えて，何回も手を洗ったり，シャワーを浴びなおしたりするようになりました。やがて，納得がいくまでシャワーを浴びたり，手を洗うのに何時間もかかるようになり，授業に出席できないことが続きました。そんな生活に疲れ果て，自分から大学の学生相談室に訪れた頃には，げっそりとやせ，洗いすぎた手指は乾燥して白く粉を吹いていました。

キヨシはその後，カウンセラーの勧めで医療機関を受診して投薬を受けながら治療を続けました。またカウンセリングを通じて，大学生活や一人暮らしの不安を支えてもらいながら，柔軟さを欠き，現実状況とそぐわない考え方の歪みを調整していきました。そして3か月が経過する頃には，清潔へのこだわりもだいぶ和らぎ，大学生活がスムーズに送れるようになりました。

理解と心理的援助

　この病気になる人は，もともと几帳面で融通を利かせるのが苦手な性格傾向があるようです。こうした人が強いストレス状況に陥り不安にさらされると，些細なことへのこだわりが徐々に強固になり，強迫症状につながっていきます。ですから，自分にこうした傾向があると感じている人は，ストレスの強い状況ではできるだけ自分に対するゴールを下げて，無理しないように気をつける必要があります。そして，いつもより細かいことが気になっているなと自覚した時は，早目に医師やカウンセラーなどの専門家に相談するとよいでしょう。

　また強迫性障害の人にも，脳内の神経伝達物質のバランスの乱れがあるといわれています。治療には不安を下げ，こだわりの強い性格傾向からくる認知の歪みを矯正するカウンセリングと薬物療法の併用が有効です。とくに本人が恐怖や不安を抱いている対象や状況とあえて向き合わせる，「暴露反応妨害法」などの行動療法が有効だといわれています。

境界性人格障害

　感受性が豊かで人の気持ちに敏感，話しているとなんとなく魅力を感じさせる人がいます。けれども付き合いが続くうちに，その人の感情の不安定さや心の奥にいつも漠然とした虚しさを抱えていることに気づき驚かされます。数日や数時間の間で別人のように落ち込んでいたり，激怒したり，あるいは上機嫌に戻ったりするのです。付き合うほうとしては違和感を感じずにはいられないのですが，こちらがそのような違和感を感じるやいなや，相手はとたんにこちらの機嫌を見てすり寄ったり，こちらが冷たくしづらくなるような理由を作ってしがみついてきます。あるいは自分の望むとおりの関係性が得られないと判断すると，手のひらを返したようにこちらを攻撃し始めます。

　境界性人格障害の人たちは，いつでも自分を愛してくれる理想の誰かを追い求め，周囲の人の気持ちの動きにアンテナを張り巡らしています。けれども彼らが他者や自分自身に向ける気持ちはいつも不安定で，極端に揺れ動きます。そうした激しさは周囲の人たちを巻き込み，彼ら自身の思い込みを成就させる

ように操作します。ですから，境界性人格障害は，本人自身はもとより，それに振りまわされると周囲もほとほと疲れ果ててしまうというわけです。

事例：アイ　19歳

　大学の学生相談室にユミが訪れたのは，11月の後半でした。「友だちのことが心配で……」という彼女が，カウンセラーに語ったのは次のような話でした。
　アイとユミは，入学式での座席が近かったのをきっかけに親しくなりました。明るく気配り上手なアイとは一緒にいて楽しく，複雑な家庭環境で苦労して育ったことなども包み隠さず話してくれ，二人はすぐに親友と呼び合うほど仲良くなったのです。そして授業以外でも行動をともにし，テニスサークルにも一緒に入ることにしました。
　サークルに入って早々にアイはある先輩に熱をあげましたが，先輩には恋人がいるといううわさを聞いてずいぶんがっかりしたようでした。しかし1カ月ほどすると突然，「実は先輩と付き合っている」と言いだしました。ユミは半信半疑ながら祝福しましたが，別の先輩からは「○○はアイちゃんに付きまとわれて困っているらしい。君からそれとなく注意してほしい」と頼まれて，ユミは困ってしまいました。その後アイに何回かメールを送りましたが返事が無いので途方に暮れていると，数日後に突然，「今までありがとう。さよならを言えなくてごめんね」というメールが届きました。心配したユミがアパートを訪ねると，アイは憔悴しきった顔で現れ，「先輩の子を妊娠してしまった。死にたい。どうしたらいいかわからない」と激しく泣きだしました。その日はどうにかなだめてアイの部屋を後にしましたが，ユミはアイが自殺したらどうしようと，心配でたまりませんでした。
　しかし翌週，アイは何事もなかったかのように元気な様子で登校し，ユミが先日のことを尋ねても，「それはもう大丈夫。そんなことより，前からやりたかったバイトが採用になったの！　嬉しい！」と上機嫌でした。自殺しなくてよかったとホッとした反面，ユミはアイの急な変わりようになんとなく違和感を感じました。そして，「アイ以外の友だちとも積極的に付き合ったほうがよいのかな」と思い始めました。しかし，そんなユミの気持ちには全く気付かないかのように，アイは元の気配り上手の明るいアイに戻って，ユミの行くとこ

ろにはどこでも付いてきました。そんなアイといるとやっぱり楽しくて、ユミも「やっぱりアイも反省しているのかな」と思い、二人は元の親友関係に戻っていきました。しかしそれからまた1ヵ月ほどたった頃、再びアイと連絡が取れなくなってしまいました。そして昨日、「消えたい。なくなってしまいたい。こんなアイは嫌いだよね。迷惑かけてごめんね」というメールが届いたのだった。

　カウンセラーはじっくり話を聞くと、アイには極端な気持ちの揺れ動きがあり、ユミがその言動に振り回されていることを指摘しました。そして、できればアイ自身が相談に来るよう勧めてほしいと告げました。

　数日後、アイが相談室にやってきました。そして自分の悩みを泣きながら語り、「こんなに私のことを分かってくれた人は、先生が初めてです」とカウンセラーに感謝しました。しかし、次回は約束の時間が来ても姿を見せず、カウンセラーが電話をすると、「すっかりよくなったので、もう大丈夫です」と明るい口調で応じたのでした。

　米国精神医学会による診断の手引きでは、「境界性パーソナリティ障害」の症状が次のように示されています（『DSM-IV-TR精神疾患の分類と診断の手引き・新訂版』American Psychiatric Association, 2000；高橋他訳、2002, 2009より）。

　対人関係、自己像、感情などの不安定性および著しい衝動性の広範な様式で、成人期早期までに始まり、種々の状況で明らかになる。以下の内5つ（またはそれ以上）によって示される。
 1) 現実に、または想像の中で見捨てられることを避けようとするなりふりかまわない努力（注：基準5で取り上げられる自殺行為または自傷行為は含めないこと）。
 2) 理想化とこき下ろしとの両極端を揺れ動くことによって特徴づけられる、不安定で激しい対人関係様式
 3) 同一性障害：著名で持続的な不安定な自己像また自己感
 4) 自己を傷つける可能性のある衝動性で、少なくとも2つの領域にわたるもの（例：浪費、性行為、物質乱用、無謀な運転、むちゃ食い）（注：基準5で取り上げられる自殺行為または自傷行為は含めないこと）。
 5) 自殺の行動、そぶり、脅し、または自傷行為の繰り返し
 6) 顕著な気分反応性による感情不安定性（例：通常は2～3時間持続し、2～3日以上持続することはまれな、エピソード的に起こる強い不快気分、いらだたしさ、または

不安）
7）慢性的な空虚感
8）不適切で激しい怒り，または怒りの制御の困難（例：しばしばかんしゃくを起す，いつも怒っている，取っ組み合いの喧嘩を繰り返す）
9）一過性のストレス関連性の妄想様観念または重篤な解離性症状

理解と心理的援助

　この病気は，悩みを抱える本人も，また周囲の人からも"性格の問題"と誤解され，なかなか治療に結びつきにくいものです。けれども極端な感情の変化や，それに伴う衝動的な行動は病気の症状と考え，積極的に治療することが大切です。その基盤となるのは信頼できる相手との安定した関わりですが，家族や友人がどんなに親身になっても，彼女・彼と安定した関係を継続するのは容易ではありません。周囲のサポートは大切ですが，専門家の助けが不可欠です。専門的なトレーニングを受けた精神科医やカウンセラーは，この病気の人が他者に対して極端な感情を抱きがちであることを理解しています。そして，彼女・彼の示す極端な好意や攻撃に巻き込まれないように注意し，カウンセリングを通じて安定した対人関係が体験できるように協力します。時には薬物療法の力を借りて気分の波や衝動性をコントロールしていくことが必要です。近年では，激しい感情や行動上の問題を上手にコントロールする方法を身につけるための認知行動療法も開発されています。こうしたさまざまなアプローチを用いながら，徐々に自分や他者に対する冷静な視点を身につけ，落ち着いた社会生活を過ごしていけるようになることが望ましいでしょう。

摂食障害

　テレビや雑誌に登場する歌手やモデル，女優さんが驚くほどに痩せているのは，近年始まったことではありません。「痩せているほうが美しい」という考え方は，文明国に共通したものでしょう。では，どこまで痩せればよいのでしょうか？どんな自分になれば「美しい」と納得できるのでしょうか？理想の自分を追い求めて，極端なダイエットに走る若い女性は少なくありません。けれども自分が理想とする人間像が曖昧な中で，ただ痩せた身体を追い求めること

1 思春期・青年期に見られる問題　117

だけに熱中するとき，そこにはゴールがありません。

事例：キリコ　17歳

　キリコが心療内科のクリニックにやってきたのは，11月の半ば，だいぶ寒くなり始めた頃でした。気温が低くなってきていたとはいえ，制服にセーターやコートを着込んでもまだ寒そうに身体を丸めていました。ダッフルコートから除く手の甲は青白く筋張って，蝋細工のようでした。頬はげっそりとこけ，頬骨やえらの輪郭がくっきりと突出し，脂肪の薄いアイホールの中で，眼ばかりがキョロキョロと大きく見えました。スカートから除いた足は棒のようで，膝の関節がくっきりと浮かび上がり痛々しいものでした。キリコ自身は医師の診察に口をつぐんだままで，一言も話しませんでした。付き添った母親の話では，高校1年の秋ごろから体型を気にして食事制限と運動のダイエットを開始し，春休み明けに2年生として当校する頃にはだいぶ痩せていたとのことでした。けれどもキリコのダイエットはそこで止まらず，母親の説得もかたくなに拒んでさらに厳しい制限を行い，夏休みにはとうとう階段の上り下りも難しいほどに憔悴していたそうです。

　カウンセリングが続けられるうち，キリコは少しずつダイエットにのめりこんだ心境を話し始めました。もともと頑張り屋で成績もよく，気配り上手で友人が多かったキリコですが，高校に入ると友だち関係で悩むことがあったそうです。二つの仲良しグループから誘われ，どっちつかずの態度を示しているうちに次第に両方のグループからはじかれて，孤立するようになったのです。愚痴や弱音を吐くのが嫌いなキリコは，好きなお菓子を食べることでイライラを解消していました。やがて，自分でも少し太ったかなと思ったのが高校1年の秋でした。同じ頃，心のよりどころにしていた陸上部でも監督からタイムが伸びないことを指摘され，ダイエットを始めたそうです。痩せ始めると身体が軽く，タイムも再び伸び始めました。友人たちも「ダイエット成功してすごいね！」と話しかけてくれるようになりました。食事制限を続け痩せれば痩せるほど，自分が軽やかで自由な存在になる気がしました。失いかけていた自信も取り戻せました。けれども高校2年になって新しいクラスになると，また人間関係が不安になり始めました。勉強もだいぶ難しくなり，努力しても以前ほ

ど成績が上がらなくなりました。そんな中で，自分の自信につながったのがダイエットでした。こればかりは頑張れば頑張るほど成果が上がりました。夏休み前にはかなり体重が減り，友だちや家族が心配していましたが，ダイエットをやめたら自分がどうなってしまうのか心配で，やめたいとは思えなかったそうです。

　辛かった気持ちを十分に話して受け止められるうち，キリコの様子は変化していきました。不安や寂しさを話すことの大切さに気づき，学校生活もマイペースで送ればいいと思えるようになっていったのです。それとともに，食事制限も徐々に緩やかなものになり，体重も回復していきました。

事例：シホ　20歳

　シホは，都会にある大学の3年生です。明るく華やかな印象の美人で，勉強やサークル活動も精力的に行っています。シホが大学の学生相談室を訪れたのは，そろそろ就職活動に本腰を入れようかという秋の初め頃でした。

　カウンセリングが始まると，シホは自ら「私，摂食障害だと思うんです」と話し始めました。シホは両親と弟，父方の祖母との五人暮らしです。華やかで積極的な母と頑固で無口な父は，彼女が幼いころから始終口げんかをしていました。祖母は外出の多い母親に代わって家事を取り仕切りながら，しばしば母親への批判をシホに聞かせました。料理上手の祖母が作るごちそうは，いつも豪華でおいしいものでした。しかしシホにとっては，一家がそろう夕食の時間は眼には見えないバリアが張り巡らされたような，窮屈で苦しい時間でした。小学校の高学年頃には塾通いもあって，夕食前につまみ食いをしたり，夜遅く祖母が残しておいてくれたおかずを食べるようになりました。体重が増えてしまうのが気になりましたが，これはシホにとって楽しみでホッとできるひと時でもありました。私立中学に入りしばらくすると，周囲はおしゃれに敏感な女の子ばかりで，シホも自分の体型が気になり始めました。けれども，生来の負けず嫌いで成績や友だちづきあいで気を張ることも多く，夜のつまみ食いの量はどんどん増えていきました。食べすぎて気分が悪くなり吐いてしまったことがありましたが，そんなことが何回かあるうちに食べすぎたと感じた時は吐くことが習慣になりました。するとどんなに食べても太ることが無くなり，気に

していた体型もすっきりしてきました。高校生の頃には，嫌なことがあったときは無茶食いして嘔吐することで気持ちを落ち着けるようになりました。こうした行動は大学に入っても続きましたが，このところ食べ吐きの回数が増えて時間を取られ，就職活動もままならないということです。

相談を続けるうちに，家では高齢になった祖母の認知症が悪化し，介護をめぐって父母の諍いが増え，いたたまれない状況だということが明らかになりました。その上，将来の目標も定まらず，就職を前に焦る気持ちが募っているというのです。数回のカウンセリングののち，カウンセラーは母親にも来所してもらい自分の苦しみや不安を伝えるよう提案しました。シホは「母は忙しい人だから」と自ら母親に来所を頼もうとしませんでした。しかしシホから了解をとってカウンセラーが連絡すると，母親はすぐに都合をつけて来所しました。そして涙ながらに話すシホの背をさすりながら，「薄々気づいてたけれど，年頃の一時的なものでそう深刻なものとは思わずにいた」と詫びました。母親との同席面接を契機に，シホは徐々に自分の気持ちを素直に話すようになっていきました。そして，無茶食いと嘔吐の習慣も少しずつ消失していきました。

摂食障害というと，非常にやせているのが目立つ特徴で，若い女性がなるものと思われがちです。しかし実際には，さまざまなタイプの症状がありますし，男性にも見られます。また，近年は，思春期に発症したケースが中年期にさしかかっていたり，中年期以降に発症するケースも見られ始めています。

「摂食障害」に目立つ症状は，ほとんど食事を取らなかったり一部の低カロリー食品のみを口にする極端な食事制限，大量の食物を食べるむちゃ食い，下剤や自己誘発性嘔吐（食べた物を自から吐く）や過剰な運動による排出行動です。

「摂食障害」のなかでも，極端な食事制限を続けるものは「神経性無食欲症（Anorexia Nervosa）」と呼ばれます。その中でも食事制限を継続し続ける"制限型"と，食事制限の期間に時々むちゃ食いと排出活動を行うことがある"むちゃ食い／排出型"があります。彼／彼女らは，わずかな体重増加も恐れ，年齢や身長から期待される正常体重の85％以下の低体重であっても，体重の増加を拒みます。自分の体重や体型に対して独特の感じ方をしており，わずか

な増減に一喜一憂します。生理が止まったり，時には生命の危険に関わるような低体重になっても，その問題の大きさをみとめようとはしません。

　また，むちゃ食いのエピソードを繰り返すケースは，「神経性大食症 Bulimia Nervosa」と呼ばれます。そして，むちゃ食いを続けながらも体重増加を恐れて排出行動や過剰な運動を行う場合を"排出型"，排出行動は行わない場合を"非排出型"と呼びます。

　イライラした時にやけ食いをした経験がある人は少なくないでしょう。けれども，一旦おなかいっぱいになれば，もうしばらくはそんなにも沢山の食べ物を口にしたいとは思わないでしょう。しかし神経性大食症の場合のむちゃ食いは，他とははっきり区別される時間帯で2時間程度の間に，普通よりも明らかに多い量の食物を口にします。そして，その最中は"どうしても食べるのを制御できない"という感覚を抱いています。また，むちゃ食いのあとには体重増加を防ぐための排出行動や過剰な運動といった代償行動が行われます。こうした状態が，少なくとも3ヵ月間，週に2回以上は生じている場合はこの障害が疑われます。

理解と心理的援助

　若い女性のなかには，「摂食障害」的な行動は美しいプロポーションを保つのに有効だと考えている人がいるかもしれません。しかし，極端な栄養不足の状態が長期的に続くと，生命維持に危険が生じたり，脳を含め身体のさまざまな機能に深刻な障害を及ぼすこともあります。また，食べ吐きすることでストレス解消をするうち，それにとらわれて生活がままならなくなることもあります。では，摂食障害の主な原因は極端な痩せ願望なのでしょうか？

　この病気の背景には，やせた身体を絶対的に理想化し，そのような身体を維持することで絶対的な自信と安心を手に入れようとする心のはたらきがあると言われています。またそうした目的達成のための手段である拒食や排せつは，心に抱かれた苦痛や不安を心において悩んでいくことをやめ，積極的に発散，排出してしまおうという意味があると考えられています（松木邦裕・鈴木智美，2006）。そしてそうした願望を強く抱くさらにその背景には，乳幼児期の母子関係の問題や（ブルック Bruch, H., 1979, 1996），家族的問題（下坂

幸三，1983，1998）の存在が指摘されています。

　食事の摂り方がうまくいかないと感じた時は，早目にカウンセラーや医師に相談しましょう。心療内科や精神科，一部の内科でこの疾患の治療を受け付けています。カウンセリングを通して適切なストレス解消法を身につけたり，苦しい気持ちを言葉にして分かってもらう体験は，食事や体重へのとらわれの背後にある心の問題を癒していくものです。心の動揺があまりに強く，自分では制御できない時は，不安や緊張をほぐす薬物療法を受けることも有効です。

　家族や周りの人は，食事や体重増加を無理強いせず，ゆったり見守りましょう。本人がこのままの自分でも大丈夫，愛されている，と感じられるような関係づくりを大切にしましょう。

うつ病

　皆さんは「五月病」という言葉を聞いたことがありますか。大学入学後に，オリエンテーションや初授業のあわただしさにひと段落ついたゴールデンウィーク明けあたりから，気持ちの落ち込みや無気力を感じる人たちがいます。進学や就職，それに伴う環境の変化は，若い人たちにとって大きなストレスとなります。その中で心身のバランスを崩し，うつ状態になることも珍しくありません。また，中学生や高校生の間でもうつ病になる人が増えており，この時期の有病率は実に2.8％ともいわれ，決して珍しくないのが現実です。

　「うつ病」は極端な気分の障害が主な症状である「気分障害」のひとつです。気分障害には，「躁」や「うつ」の一方だけが目立つ単極性のほかに，「躁うつ」の波を繰り返す双極性がありますが，ここでは思春期・青年期に多い単極性の「うつ病」を紹介します。

事例：アキラ　21歳

　5月も末のある朝，アキラの母親は息子がなかなか起きてこないので心配していました。もともと気が小さい方ではありましたが，いつも明るく活動的な息子が最近では自室でごろごろしていることが多く，食欲もないようです。夕方近くにようやく居間に現れたので，「学校に行かなくていいの？」と声をか

けると、アキラは突然怒鳴りだしました。母親は息子のただならぬ様子に驚き、とにかくなだめるように話を聞きました。するとしばらくして、今度は泣きじゃくり始めました。「授業についていけない」、「友だちができない」、「皆についていけない」等々と言うのです。両親は相談して、アキラに心療内科への受診を勧めました。

病院では「軽いうつ病」と診断を受け、薬の処方と十分な休養を指示されました。数週間たってだいぶ回復したころ、アキラが医師に話したところでは、「早く慣れなければいけないとわかっていても大学生活が思うようにいかず、自分に自信がもてない」、「皆に置いていかれるような気がして、焦っている」、「ゴールデンウィーク頃から身体がだるかった」ということでした。

理解と心理的援助

「うつ病」と聞くと、元気が無く落ち込んでいる様子が目に浮かぶかもしれません。しかし、実際には心と身体の両方で、さまざまな症状があります。（**表 3.1.2**）また、思春期のうつ病の場合は成人と同様の症状がある一方で、抑うつ気分は言葉にして表現されにくく、腹痛や頭痛などの身体症状の訴えや、イライラ感の訴えが多いのが特徴です。その結果、「うつ病」という原因がはっきりしないまま、不登校や引きこもり生活に入ってしまうケースもあります。

このように憂鬱気分が意識されていなくても、不眠や体調不良が「うつ病」

表 3.1.2　うつ病の主な症状

身体症状	(1)	睡眠障害：不眠、過眠、入眠困難、浅眠など
	(2)	食欲の変化：食欲不振、偏食（甘いものばかり食べるなど）
	(3)	身体のだるさ：全身が重く、けだるい
	(4)	そのほかの症状：頭重感、胸部の圧迫感、便秘、性欲の減退など
精神症状	(1)	関心・興味の減退：何に対しても関心・興味がわかない
	(2)	意欲・気力の減退：何をするのもおっくうで面倒くさい
	(3)	知的活動能力の減退：考えがまとまらない、情報が頭に入らない、簡単なことが決められないなど
	(4)	そのほかの症状：無力感、劣等感、自責感、罪悪感、自信喪失、不安、焦燥感、イライラ感、悲哀感、寂寞感など

山下格『精神医学ハンドブック・第6版』(pp.78-82, 日本評論社, 2007)をもとに著者作成

の始まりというケースも珍しくありません。思い当たるときは，早目にスクールカウンセラーや学生相談室，心療内科，精神科に相談に行きましょう。

　うつ病は，脳内で神経伝達物質「セロトニン」が不足するために起こると考えられています。したがって，治療では薬物療法を受けながら十分な休養をとることが第一ですが，自分を追い込みやすい考え方のクセを治すことも有効です。アキラのように，「早く慣れねばならない」，「皆と同じでなければならない」といった，「ねばならない」の考え方は，うつ病にかかる人に多くみられる思考の特徴だと言われています。カウンセリングを通じて柔軟な考え方を身につけていくことも，予防と治療には大切です。また，周囲の人は息抜きや気分転換を勧めるよりは，休息を重視し，「早く良くなろう」とか「少しでもがんばって」といった励ましはやめましょう。がんばりたくてもがんばれない辛さは，病気になった本人が一番強く感じています。また，活動性が上がってきた治りかけの時期は，気分が不安定になりやすく，自殺や自傷行為が生じがちです。回復してきているように見えても，専門家から GO サインが出るまでは，ゆったり見守ることが大切です。

統合失調症

　「統合失調症」は，多くが思春期から青年期にかけて発症します。非現実的な考えにとらわれる"妄想"や，そこにいない人の声や音が聞こえたり，無いものが見えたり，あり得ない身体感覚が生じたりと，外界には実在しない刺激をあたかもそこにあるかのように知覚する"幻覚"が主な症状です。また，病気が長引いた場合には，考え方の道筋が乱れてまとまりにくくなる"思考障害"や，意欲・活気の低下なども生じます。幻覚や妄想がはっきりと認められず，後者の症状が少しずつ進行していくケースもあります。

こだわりと妄想，耳鳴りと幻聴の違い

　「統合失調症」の症状として，非現実的な考えにとらわれると書きましたが，精神疾患でなくても何かの考えにとらわれることはあります。どこが違うのでしょうか？

統合失調症の場合の"妄想"は，第三者から見てあり得ないと思われるどんなに辻褄の合わないことでも，本人は「絶対に，そうなんだ」と確信しているところが大きな違いです。そうでない場合は，「考えすぎかもしれないけれど……」とか，「一つの可能性として……」といった遠慮が入るもので，心のどこかで「それはあり得ない」ということがわかっているものです。

　また，「統合失調症」の中核的な症状の一つである"幻聴"は，体験したことのない人には想像が難しいものです。これは"耳鳴り"とは違います。体験者の報告では，一人あるいは複数の人の声が聞こえるそうです。はっきりとした話しかけの場合もあれば，雑音のように聞き取りにくいものもあるそうです。病気の状態が重い時は，現実の声と区別がつかず"幻聴"と対話する人もいます。これは周囲の人からは独り言を言っているように見える状態です。しかし，症状が回復してくると次第に区別がつき，聞き流すことができるようになるそうです。

理解と心理的援助

　統合失調症は，その多くが思春期から青年期にかけて発症すると言われています。原因のはっきりしない心身の不調や不眠，過眠，なんとなくふさぎがちになり人との関わりを避けるようになる，といった変調が病気の始まりの場合もあります。発症率は約100人に1人とも言われますから，珍しい病気ではありません。この病気が難しいのは，上述の幻覚や妄想が，本人にとってはまさに現実として体験される点です。そうなると自分が病気であるという認識は生まれにくく，治療にかかるのが遅れてしまいます。かつては十分な治療法がなく，症状が重いまま長い治療期間を要するケースも少なくありませんでした。しかし近年，この病気では「ドーパミン」という神経伝達物質が脳内で過剰になっていることが解明され，その働きを抑える治療薬が開発されるようになりました。その結果，多くの人が十分な社会生活を送れるほどに回復するようになりました。また，社会生活支援の方法も充実してきているので，病気の症状があっても，周囲の人の援助を受けながら自立した生活ができる場合が増えてきました。

　大切なことは，周囲の人が本人の変化に気づいたら早目に医療機関の受診を

すすめることです。本人が治療に拒否的な場合でも，家族が医療機関や保健所に相談してみましょう。どのようにすれば本人を治療につなげることができるのか，一緒に考えてくれるはずです。

発達障害

発達障害のなかには知的な発達の遅れが目立たず，一見して障害を抱えているようにはみえない人たちがいます。次に紹介する「アスペルガー障害」や「高機能自閉症」などの高機能広汎性発達障害や，学業上で特定の作業や理解に限って困難がある「学習障害（LD）」，落ち着きがなく話し出したら止まらなかったり，注意散漫が目立つ「注意欠陥多動性障害（ADHD）」など，いわゆる「軽度発達障害」と呼ばれる人たちです。ここでは，そのなかでも対人関係の問題が目立ち，集団生活の場で困難を生じがちなアスペルガー障害のケースを紹介します。

アスペルガー障害

はっきりと言葉で示されたわけではないけれど，その場の雰囲気や相手の態度から自分のとるべき振る舞いを理解すること，すなわち「空気を読む」ことは，対人関係を円滑に進めていくためにとても重要な能力です。けれどもこうした作業が苦手な人たちがいます。「アスペルガー障害」と呼ばれる障害をもつ人たちです。学業成績や論理的な対話にはあまり問題が見られないので，一見は障害があるように見えません。しかし，なんとなく周囲になじめず，学校等の集団生活の中では"浮いた"存在になってしまうことも少なくありません。

事例：ハヤト　21歳

大学の学生相談室に教員が相談に来ました。この先生のゼミに参加している学生の一人，ハヤトについての相談でした。ゼミでは毎回あらかじめ発表する学生を決め，その学生がテーマに沿ったレジュメを用意して，ひととおりの説明をしたのち，全員参加のディスカッションが行われるそうです。けれどもハヤトは発表者が説明している最中でも，それを遮るように自分の意見や知識を

一方的に話し続けることが何度もあったそうです。また，発表者のちょっとしたミスや理解不足を執拗に攻撃し，他のゼミ生からも「また，アイツか」と敬遠されているそうです。教員は授業態度について再三注意しましたが，耳を傾けないどころか「先生の指導力不足だ！」と怒り始める始末だったというのです。しかし，教員が授業の先行きを案じ始めた頃，ハヤトはぱったりとゼミに姿を見せなくなりました。同様の問題は他の授業でもみられたようでした。カウンセラーは，ハヤトが信頼を寄せているという他の教員の力を借りて，本人の相談室への来室を促しました。

　来室したハヤトは，現代の大学生にしては地味で堅苦しいジャケットにスラックス姿で，不自然なほど礼儀正しい話し方とぎくしゃくした身のこなしが特徴的な青年でした。当初は一方的に教員や他の学生への不満や軽蔑をおおげさな身振り手振りでまくし立てましたが，カウンセラーが熱心に耳を傾けるうち少しずつ落ち着き始め，自分の好きな将棋や鉄道の話を楽しそうに語るようになりました。やがてカウンセラーが大学生活への不安を尋ねると，集団活動が苦手なこと，友だちができず淋しいこと，中学高校時代にはいじめにあってつらかったことなども話すようになりました。「どうしても皆と同じようにできない！　なぜそうなるのかわからない！」とつらそうに訴えるハヤトに，カウンセラーは「生まれつき，考え方や感じ方にクセがある人がいる。あなたもそうかもしれない」と伝え，医療機関の受診を勧めました。

　診察や心理検査の結果は，「アスペルガー障害」との診断でした。はじめはショックを受けていたハヤトですが，「カウンセラーが間に入って教員にあなたのことを理解してもらい，あなたに合った対応をお願いする。あなた自身も，カウンセラーといっしょに自分の個性を理解して，周囲とうまくやっていく工夫をしていきましょう」と伝えると，だいぶホッとしたようでした。

　その後ハヤトは両親や周囲の理解と協力を得て，学生生活を少しずつ円滑に送るようになっていきました。

　米国精神医学会による診断の手引きでは，「アスペルガー障害」の症状が次のように示されています（『DSM-IV-TR 精神疾患の分類と診断の手引き・新訂版』American Psychiatric Association, 2000；高橋他訳，2002，2009 より）。

A．以下のうち少なくとも2つにより示される対人的相互反応の質的な障害：
　1）目と目で見つめ合う，顔の表情，身体の姿勢，身振りなど，対人的相互反応を調節する多彩な非言語的行動の使用の著名な障害
　2）発達の水準に相応した仲間関係を作ることの失敗
　3）楽しみ，興味，達成感を他人と分かち合うことを自発的に求めることの欠如（例：他の人たちに興味のあるものを見せる。持ってくる，指さすなどしない）
　4）対人的または相互的情緒性の欠如
B．行動，興味及び活動の，限定的，反復的，常同的な様式で，以下の少なくとも1つによって明らかになる
　1）その強度または対象において異常なほど，常同的で限定された型の1つまたはそれ以上の興味だけに熱中すること
　2）特定の機能的でない習慣や儀式にかたくなにこだわるのが明かである
　3）常同的で反復的な衒奇的運動（例：手や指をぱたぱたさせたり，ねじ曲げる，または複雑な全身の動き）
　4）物体の一部に持続的に熱中する
C．その傷害は社会的，職業的，または他の重要な領域における機能の臨床的に著しい障害を引き起こしている
D．臨床的に著しい言語の遅れが無い（例：2歳までに単語を用い，3歳までにコミュニケーション的な句を用いる）
E．認知の発達，年齢に相応した自己管理能力，（対人関係以外の）適応行動，および小児期における環境への好奇心について臨床的に明らかな遅れがない
F．他の特定の広汎性発達障害または統合失調症の基準を満たさない

理解と心理的援助

　アスペルガー障害といっても，人によって症状や能力にはそれぞれ違いがあります。どのようなことが得意で，どのようなことが苦手なのかが分かれば，良い面を伸ばし，苦手部門での対処の仕方も検討することができます。そのためには，医療機関や専門の相談機関で検査を受け，これらの点をしっかり把握することが大切になります。またストレスが強い状況下では，気分の落ち込みやイライラ感が出現したり，妄想的な考えにとらわれ，一時的に精神病様の症状が出現することもあります。こうした場合は，薬物療法を受けることも検討するとよいでしょう。さらに，常識的な考え方や振る舞い方など，社会生活に必要な視点を補強するためにはカウンセリングが役に立つでしょう。彼らが不適切な言動を示したときには，周囲の人は感情的な対応は避け，本来とるべき言動を具体的に教えてあげて下さい。また，その個性ゆえに孤立しがちな彼ら

の寂しさや，不安な気持ちを理解することも大切です。

自傷行為

近年，心理的な苦しさを抱える若い人たちの間で，自分の身体を傷つける行為をするケースが目立っています。ペン先やカッター等のとがったもので手首を切るリストカットのほか，腕や足を傷つける場合もあります。また，多数のピアスやタトゥー（刺青）などの身体改造，タバコの火を皮膚に押し付ける「根性焼き」，違法薬物やアルコールの乱用，過量服薬（オーバードーズ）など，自らを傷つける行為にはさまざまな方法があります。こうした行為は，総称して「自傷行為」と呼ばれます。

その中でもとくに若い人たちの間で流行っているのが，リストカットではないでしょうか。これは1960年代にアメリカで流行り始め，日本にも1970年代には伝わってきていたようです。しかし専門家の間でその急増が指摘されるようになったのは，1990年代でした（林，2007；松本，2009）。その後は漫画やロック・ミュージックの歌詞の中でも描写されるようになり，急速な広まりを見せています。自傷行為を繰り返す人の間では，自からを「自傷ラー（ジショラー）」と称し，リストカットは「リスカ」と呼ぶなどの略語が使われています（今，2001）。

理解と心理的援助

「切るとすっきりする」，「切っても痛みはない。緊張がほどけ，楽になる」，「血を見るとホッとする」，「自分に罰を与えている」などなど，リストカットを行う人たちはさまざまな感想や行為の理由を語ります。こうした行為の背景には深刻な心理的問題がありますが，それぞれ抱える問題や原因は多様です。しかしいずれの場合も，心の痛みを意識から切り離し，気持ちを楽にする作用を求めて行われています。そして切ったあとしばらくすると，罪悪感や虚しさが強まって悪循環になることが多いようです。原因となる心の痛みを言葉にできるようになれば，症状はずいぶん良くなります。また，動揺しやすい心を安定させるような薬物療法を受けるのもよいでしょう。自傷行為を一人で解決す

ることは容易ではありません。自分を傷つける以外に，もっと安全に気持ちを楽にできる方法がきっとあります。医療機関やカウンセラーに相談して，その方法を一緒に探していくことをお勧めします。

　もし身近な人がこうした行為をしていることを見つけたら，皆さんはどうしますか？　それが親しい友人や家族であれば，どうでしょう？　やめて欲しいと思うのではないでしょうか。あるいは常日ごろからその人の情緒不安定さにうんざりさせられていて，「手首を切ったって死ぬわけではない」と静観するでしょうか。「自殺願望を食い止めるためにリスカをする」と言う人がいるように，自傷行為を繰り返す人がやがて自殺に至る場合も少なくありません。かといって，やみくもに「リストカットはいけない！」と否定したのでは，そうせずにはいられない本人の苦しみに寄り添うことができません。精神科医として多くのケースに接してきた松本は，家族の対応のあり方として以下の4点をあげています（『自傷行為の理解と援助』，p.222，日本評論社（2009）より引用）。

　　①過度に自責しない，本人の行動に一喜一憂しない
　　②怒りに駆られて説教しない
　　③挑発的な態度をとらない（「死ぬ気もないくせに…」などといわない）
　　④自傷行為を無視しない

　友人であれば，辛い体験を話してくれた信頼を肯定的に受け止め，じっくりと話を聞いてあげましょう。ただし，自傷や自殺願望は一人で解決できるものではありません。話を聞いた後で，スクールカウンセラーや学生相談，医療機関などの専門家の力を借りるように勧めましょう。また，聞き役になったあなた自身も，一人で友人を支えようとする必要はありません。友人の秘密を誰かれとなく漏らすのはよくありませんが，先にあげた専門家や信頼できる身近な大人の力を借りる必要があります。

もし友だちが心の病になったら

☆友だちのままでいてあげて

心の病になると，それまでと同じ日常生活を続けるのが難しくなることがあります。自分に自信がなくなり些細なことを気に病みます。周りの人との付き合いからも自然と遠ざかり，孤立しがちです。しかし心の病になっても，その人の全てが「病んで」しまったわけではありません。健康な心もたくさん残っています。できればそれまでと同じように遊びに誘ったり，おしゃべりをする友だちでいて下さい。病気の症状が強く，友だちからの連絡にも応じられない時があるかもしれません。けれどもきちんと治療を受ければ，多くの病気はやがて良くなります。少し待っていてあげて下さい。

☆話を聞いてあげて

友だちが自分の病気について話して来たら，まずはじっくり話を聞いてあげましょう。あなたを信用して打ち明けてくれたのです。アドバイスやお説教よりも聞き役に徹して，辛さや苦しい気持ちを汲んであげましょう。

☆治療はプロに任せて

症状の表れ方や必要な対応には，個人間で違いがあります。もしあなたに病気に関する知識があったとしても，治療は主治医やカウンセラーに任せましょう。もし友だちが治療を受けていないようであれば，押し付けがましくならないよう気をつけながら，病院やカウンセラーのところへ行くように勧めてあげましょう。

☆困ったら相談して

心を病んだ友だちとの付き合いは，自分自身の心の在り様にも影響を及ぼします。一人で抱え込まず，友だちの病気について知っている共通の知人や，家族と一緒に支えていくことが大切です。自分の気持ちが"いっぱい"になってしまったときは，学生相談やスクールカウンセラーなどの専門家に相談しましょう。

☆無理は禁物

心が弱っているときは，相手の都合を考える余裕がなくなり，すがりついた

くなることもあります。友だちから頼りにされすぎて疲れた時は，正直に伝えましょう。「あなたのことは大切に思っているけれど，あなたの希望に応えられないこともある」と。

家族に心の病を抱えた人がいたら

　ここまでお話ししたとおり，心の病は決して珍しいものではありません。皆さんの中にも，お父さんやお母さん，ご兄弟がこうした病気に苦しんでいるという方があるかもしれません。大切な人が心を病み苦しんでいるのは，周りの人にとっても辛いことです。また心を病む人と付き合っていくとき，さまざまな悩みが生まれることでしょう。誰のせいでもないし，誰を責めるつもりもないけれど無性に腹が立つかもしれません。病気が少しでも良くなるように何かしてあげたくても，できることが見つからず無力感を感じるかもしれません。自分も同じような病気になってしまうのではないか，と不安を感じるかもしれません。皆さんの感じている怒り，無力感，不安，そのどれもが病む人自身も感じているものです。なぜこんな病気に！という怒り。なかなか治らない焦りや，自分ではどうにもできないという無力感。将来への不安。

　では，家族は何ができるのでしょうか。まずは，あなた自身が自分の人生を充実させて生きて下さい。皆さんが病気を持つ家族を気にかけるのと同様に，病む人自身も自分のために大切な家族が幸せでないのではないかと感じることほど辛いことはありません。その上で，家族として変わらぬ愛情を示して下さい。そして当事者にはない客観性と，家族ならではの気兼ねの無さで，回復をサポートして下さい。病気によっては対応にコツがいる場合もあります。病気についての知識を知りたいときや，家族としてどのように支えていけばよいか迷った時は，遠慮なく主治医やカウンセラーに尋ねましょう。

　一人で抱え込まないで。周囲を見回せば，きっと理解して手を差し伸べてくれる人がいます。病む人も，家族も，その周囲の人たちも，皆で一緒に生きていきましょう。

2　健康な心で過ごすために
〜ストレスとのつきあい方

　皆さん，ストレスはありますか？"試験前で気持ちが落ち着かない"，"友だちとうまくいかない"，"宿題が一杯あって，プレッシャーを感じている"…人によってストレスの内容はさまざまです。
　ではストレスが無い状態が望ましいかと言うと，そうとばかりも言えません。適度なストレスは心の成長の糧になります。けれどもストレスが多すぎると心も身体もパンクしてしまいます。
　ここでは，ストレスを感じている時にそれをほぐす方法や，ストレスと上手に付き合う方法をいくつか紹介します。

リラックス法

＜呼吸法＞
　私たちは生きている限り休みなく呼吸を続けています。しかし，自分がどのように呼吸をしているのかに目を向けることはあまりありません。実際には，落ち着いた心境でいる時は深い呼吸が行われ，不安や焦り，緊張感が高まると自然と呼吸が浅くなり，息苦しさに拍車がかかります。呼吸を整えることは，気持ちを整えて精神的な落ち着きを取り戻すのに有効です。
　さあ，やってみましょう！

方法
　椅子にゆったりと腰掛けて，楽な姿勢をとります。
　手はおなかに当てても，膝の上に置いてもよいでしょう。
　鼻から吸って，口から吐く呼吸をしますが，少しコツがあります。

> まず軽く眼を閉じて，鼻から空気を吸います。心の中でゆっくり数を数えながら吸いますが，それはとても新鮮な空気だとイメージしてください。だいたい3〜4カウントぐらいが目安で，腹式呼吸を意識しておなかに溜めるように吸います。吸い終わったら1カウントほど呼吸を止めます。そして吸いこんだ新鮮な空気が身体全体に行き渡るようにイメージして下さい。息を吐く時は一気に吐くのではなく，ロウソクを吹き消す時のように口を軽くすぼめて，だいたい5〜6カウントでゆっくりと吐き出します。身体の中の空気を入れ替えるようにイメージしながら行います。
>
> 1分間の呼吸数が6〜8回となるペースを目安に，数分間続けてみましょう。

＜筋弛緩法＞

緊張感が強く落ち着かない時には，身体に余計な力が入っています。「肩に力が入っている」などといった描写がありますが，こうした時はとにかく力を抜こうとがんばっても，なかなかリラックスできないものです。そうした時には，むしろ一旦身体に力を入れ緊張させた後，脱力を行うとよいでしょう。身体だけでなく，心もリラックスしてきます。これを筋弛緩法と言いますが，座ったままで簡単にできる方法を紹介します。

方法

> 背もたれに体重を預けた姿勢で，椅子に浅く腰をかけます。
> 身体を締め付けるきつい衣類や装飾品は，できるだけはずしましょう。
> まずは軽く眼を閉じます。そして，両腕を前に伸ばしてからグッとこぶしを握ります。力の入れ具合は60〜70％程度です。そしてそのまま自分の胸の方へ寄せてきます。同時に，肩にも力を入れて持ち上げ，顔は梅干しのようにシワくちゃにしましょう。
> 緊張を5秒程保った後，一気に力を抜きます。脱力したまま15秒程休みましょう。
> これを時間のある時は20分ほど，あまり時間の無い時は5回程度繰

り返してみましょう。少しずつ「力の抜けた状態」が感じられるようになり，リラックスしてきます。

<イメージ法>

学校や職場，家庭など，私たちはいろいろな場所で一日を過ごしています。居心地の良い場所もあれば，そうとは言えない場所もあるでしょう。そして，どんなに居心地が悪くても，そこから去ることが許されない場合もあります。でも，心はどうでしょうか？私たちの心は自由にどこへでも行けます。皆さんが想像の世界で密かに他の場所へ出かけていても，誰にもわかりません。そこでは誰も皆さんを束縛したり，干渉したりはできないでしょう。そのような場所を想像し，創造してみましょう。

方法

> 楽な姿勢で横になり，目を閉じます。
> そしてあなたにとって心地いい場所を想像してください。
> できれば自然の中が良いでしょう。野原や森，海辺や山の上，どこでも結構です。
> できるだけ詳細に，その世界を創造してください。
> あなたが横たわっているのは，柔らかい草の上でしょうか。それとも大樹の根本，みずみずしい苔の上でしょうか。ひんやりとした波が打ちよせる砂浜でしょうか。
> 気温や湿度，風の具合はどうでしょう。
> 花や樹木，潮風……何か良い香りはしますか。
> とても静かな場所ですか。それともかすかに鳥のさえずりや波音が聞こえていますか。
> そう，その場所はあなただけの場所です。
> あなたはその場所でしばし休息を取ってもよいでしょう。
> あるいは，先程紹介した呼吸法をしてみてもよいでしょう。
> 慣れてくれば，横にならなくてもイメージできるようになります。電車の中，作業中，イメージの中でそこを訪れることができます。

> どこにいても，あなたのその大切な場所はすぐそばにあります。
> とても疲れている時，苦痛を感じている時，イメージの中でそこへ出かけて休んでください。

認知行動療法

考え方を変え，行動を改めることで気分が変わり，現実生活も大きく変化することがあります。憂鬱な気分やイライラなど嫌な気分が強い時，そのもとに在る考えはどのようなものでしょうか。そのような場合には，たいていその底に"○○せねばならない""きっと○○と思われるに違いない"という思い込みがあるようです。では本当にそのとおりにしなくては，大変な事態になるのでしょうか。他に方法はないのでしょうか。他の考え方はないのでしょうか。

認知行動療法は，個人の信念や思考スタイルを変化させることで，不適応的な行動を改めることによって，心の在り様を変えていく治療法です。さまざまな技法がありますが，ここでは認知行動療法の考えをもとにして一人でも簡単にできる方法を紹介します。

＜心の貯金箱＞

私たちは日々の生活を送る中で，うれしいこと，悲しいこと，腹が立つことなど，さまざまな感情的体験をしています。皆さんは，そうした感情に任せて行動し，あとで冷静になったから考えれば不適切だとわかる言動をしたために自己嫌悪に陥ることがありませんか。そのような悪循環に陥るのを避けるために，まず自分の心の動きに目を向ける次のようなエクササイズをお勧めします。

方法

> さて，心の中に幸せ気分や元気が貯まる貯金箱があると想像して下さい。
> いいことがあると貯金が増え，ストレスがあると貯金は減っていきます。
> 貯金箱が空っぽになると，がんばる意欲も心のゆとりもなくなります。

ちょっとしたことでイライラしたり，くよくよしたり。

　ですから，皆さんにはこの貯金箱が空にならないように注意していてほしいのです。

　嫌なことがあった日は貯金が減りますから，その分自分へのちょっとしたご褒美を用意したり，普段やっていることで大変なことや面倒なことをお休みしたりして，貯金を殖やします。がんばって準備したのにテストの点が悪かった時は，好きなアーティストのCDを借りるとか，楽しみにしていた約束が相手の都合で急にキャンセルされた日は，いつもよりランチやおやつを奮発するとか。

　慣れてきたら，あらかじめ準備するのもよいでしょう。これから嫌なこと，大変なことが待ち受けている時は，早目にその分の埋め合わせも考えておきます。

　たとえば定期試験の前などはストレスがたまりますから，ダイエットはいったんお休みするとか，苦手な先輩との約束が入っている時は1時間前に家を出てお気に入りのショップに立ち寄ってから行くとか。

　こうした代替策の利用や埋め合わせ行為は通常誰でもやっているものです。しかしここで大切なのは，それを意識してやることです。「今日はこんなことがあって，ちょっと辛かった」，「来週は○○があるから，きっとストレスが強くなるだろう」などと考えて，まずは自分の気持ちに目を向け，そのような気持ちになることを自分に許します。そしてそれを慰めたり，励ましたりする方策を積極的に行い手当てするわけです。

ワーク13：心の貯金箱

<マインドフルネス>

　もし皆さんの中に自分に自信を持てずに悩んでいる人がいるとしたら，その人はある出来事を自分なりに解釈して，"私はダメな人間だ"とか"僕は周りの人より劣っている"と考え感情的になり，悩んでいるのではないでしょうか。つまり，あなたを悩ませているのは起こった事実そのものではなく，それについてあなたが下している判断や評価だということです。感情的な高まりは人を

ワーク 13：心の貯金箱

"幸せ気分"になる出来事とストレスを書きこみましょう。赤字になったら"幸せ気分"が増える対策を考えてみましょう。ものすごーく幸せな気分を 100 ポイント，最悪な気分を－100 ポイントとして，それぞれの出来事にポイントを付けて見ます。差し引きして残ったポイントと，幸せ気分が増えるための対策も書きこみましょう。

幸せ気分になる出来事／ポイント	ストレスポイント／ポイント	差し引きポイント	対　策
（例）友だちと食事／＋20	（例）宿題がたくさん／－30	（例）－10	（例）きれいな色のペンを買って，がんばる。

行動に駆り立てる原動力となりますから，私たちにとってはとても大切です。けれども気持ちが動揺している時には，事実に基づいた理性的な判断が難しくなるものです。ですから，私たちが物事を客観的に見つめて論理的に思考する「理性的な心」と，情熱や気持ちの高揚に通じる「感情的な心」のバランスを取り，それらを統合した「賢い心」を持って物事に対処することが大切になるわけです。ではどのようにすれば，そのような心境に到達できるのでしょうか。リネハン Linehan, M.（2007）の開発した弁証法的行動療法では，「マインドフルネス」という心身状態を用いて，「賢い心」に至る方法を示しています。

「マインドフルネス」とは判断や評価を超越し，「今ここで，ありのまま」の自分の状態をしっかり自覚し，それに対する思考や感情にとらわれない存在の仕方を意味しています。これは仏教徒の瞑想の習慣に通じるもので，ブッダの教えがそのルーツになっています。訓練を通じてこうした境地に至る方法を身につけることで，感情的な動揺に振り回されることがなくなるとしたら，私たちはずいぶん賢く生きられるのではないでしょうか。

「マインドフルネス」を体得するには繰り返し練習することが必要です。ここではその入門編的な方法を紹介します。さあ，やってみましょう！

感覚に集中する「今ここで」の実況中継

あなたは今　椅子に座っていますか？　その椅子に触れるおしりの感覚はどんなものでしょうか？

今，周りに何が見えていますか？　聞こえている音がありますか？

身体に感じる空気の動きや，気温，湿度はどうでしょう？

その他，あなたが実際に知覚している体験について「私には……が見える」，「私には……が聞こえる」といった調子で，心の中で実況中継してみて下さい。

大切なことはあくまでも感じるだけにしておくことです。それについて考えたり，解釈したりはしません。もし途中で飽きてしまったり，気がそれてしまったら，穏やかな気持ちで「今私は……に関心が移っている」と中継し，また感覚に集中する作業にそっともどっていきましょう。

呼吸に集中する

> 感覚に集中することに成功したら，次は呼吸法です。
>
> 床に横になるか，楽な姿勢で椅子に座ります。
>
> 眼を閉じたほうが落ち着くようでしたら，閉じてもよいでしょう。
>
> ゆっくりと呼吸し，それにつれて自分のおなかが膨らんだりへこんだりするのを感じて下さい。
>
> 呼吸に関心を集中しましょう。
>
> 吸って吐く，全ての瞬間に注意を向けていて下さい。
>
> 15分程度この状態を続けますが，人間は途中で必ず他のことを考えたり，気が散ったりするものです。ですから，そうしたことが起こってもかまいません。
>
> そのことに気づいたら，その都度自分の注意がどこにそれたのかを確認してから，そっと元の呼吸に戻ってください。
>
> 大切なのは，気が散ったことを受け入れ，そのあと必ず呼吸に戻ることです。
>
> 身につけるためには，少なくても1週間程度続けるとよいでしょう。

呼吸しながら感情・思考を受け止める

> さて，呼吸法が身についてきたら一日に何回かは自分の呼吸に注意を集中してみます。
>
> そしてその間に浮かんでくる気持ちや考えに気をつけて下さい。
>
> 浮かんでくる気持ちや考えを，ただ観察してください。評価したり，判断したりしないで，そのまま受け入れ，深追いせずにやり過ごします。なかには受け入れがたい感情や，手放しがたい考えが浮かんでくることもあるかもしれません。そのようなときは，そうした思いにとらわれている状態というものを良く観察してください。すると，とらわれている状態がどういうものかがよくわかってきますね。あとは静かに，それらが過ぎ去るのを待ちましょう。

初めてこの呼吸法に取り組む人の中には，どうしても集中できないという人

がいるかもしれません。そのようなときは，音楽を利用するとよいでしょう。静かでゆったりとした音楽をかけ，そこに集中します。息を吸うときは音も一緒に吸いこむように，そして身体中が音に満たされたら，吐く息とともに音も身体の外へ解き放ちます。

　この方法が身についたら，自分の心が動揺している時，否定的な考えにとらわれている時に「賢い心」を呼び覚ます方法として利用してみて下さい。感情的な評価や判断に振り回されず，「賢い心」であなたに起こった出来事の本質を見つめれば，自然と解決の糸口が見えてくるはずです。

参考文献

はじめに

Frank, A.（1986）DE DAGBOEKEN VAN ANNE FRANK. Rijiksinstitut voor Oorlogsdocumentatie, Amsterdam.（深町眞理子訳（2003）アンネの日記・増補新訂版．文春文庫）

Lewin, K.（1951）Field Theory in Social Science. Harper & Brothers.（猪股佐登留訳（1956）社会科学における場の理論．誠信書房）

Mead, M.（1961）Coming of age in Samoa. Wiiliam Morrow.（畑中幸子・山本真鳥訳（1976）サモアの思春期．蒼樹書房）

村瀬孝雄（1984）青年期危機説への反証．精神科 MOOK6．pp.30-36．金原書店．

Piaget, J.（1947）LA PSYCHOLOGIE DE L'INTELLIGENCE. Armand Colin, Paris.（波多野完治・滝沢武久訳（1998）知能の心理学．みすず書房）

Ⅰ部1章

馬場禮子（2008）精神分析的人格心理学の基礎．岩崎学術出版社．

Babin, P.（1990）Sigmund Freud, Un Tragique à l'age de la science. Gallimard.（小林修訳／小此木啓吾監修（1992）フロイト―無意識の扉を開く．創元社）

Freud, A.（1936）Das Ich und Abwehrmechanismen. International Psychoanalytischer Verlag.（外林大作訳（1958/1985）自我と防衛．誠信書房）

Breuer, J., Freud, S.（1895）Studien über Hysterie.（芝伸太郎訳（2008）フロイト全集2：ヒステリー研究．岩波書店）

Jung, C.G.（1961/1962/1963）MEMORIES, DREAMS, REFLECTIONS. recorded and edited by Jaffe, A.（河合隼雄・齊藤昭・出井淑子訳（1972）ユング自伝1・2―思い出・夢・思想．みすず書房）

河合隼雄（1967）ユング心理学入門．培風館．

Meier, C.A.（1968）Lehrbuch Der Komplexen Psychologie C.G.Jung：Die Empirie des UnbewBten. Rascher & Cie AG, Zürich（河合俊雄・森谷寛之訳（1996）無意識の現れ．創元社）

Wehr, G.（1982）C.G. JUNG. Rowohlt Taschenbuch Verlag GmbH, Reinbek bei Hmburg.（山中康裕・藤原三枝子訳（1987）ユング．理想社）

Wehr, G.（1989）AN ILLUSTRATED BIOGRAPHY OF C.G. JUNG. René Coeckelberghs Verlag AG, Lucerene, Switzerland.（安田一郎訳（1996）C.G.ユン

グー記録でたどる人と思想．青土社）

I部2章

Erikson, E.H.（1959）PSYCHOLOGICAL ISSUES: IDENTITY AND THE LIFE CYCLE. International Universities Press, Inc.（小此木啓吾訳・編（1981）自我同一性．誠信書房）
Erikson, E.H.（1982）The Life Cycle Completed. W.W.Norton & Company.（村瀬孝雄・近藤邦夫訳（1989）ライフサイクル，その完結．みすず書房）
星野命編著（1989）性格心理学新講座．金子書房．
Jung, C.G.（1921）Psychological Type. Rascher & Cie., Verlag, Zürich.（林道義訳（1987）タイプ論．みすず書房）
Jung, C.G.（1952）Sumbole der Wandlung. Analyse des Vorspiels zu Schizophrenie. Vierte, Umgearbeitete Auflage von "Wandlungen und Symbole der Libido". Rascher & Cie., Verlag, Zürich.（林道義訳（1987）タイプ論．みすず書房）
Jung, C.G.（1954）VON DEN WURZELN REWUBTSEINS. Rascher & Cie., Verlag, Zürich.（野村美紀子訳・秋山さと子編（1985）変容の象徴．筑摩書房）
Jung, C.G.（1964）MAN AND HIS SYMBOLS.（河合隼雄訳（1975）人間と象徴．河出書房新社）
C.G.ユング著／野村美紀子訳・秋山さと子編（1981）ユングの象徴論．思索社．
河合隼雄（1967）ユング心理学入門．培風館．
河合隼雄（1994）昔話の深層．講談社α文庫．

I部3章

Blos, P.（1962）On adolescence: A psychoanalytic interpretation. The Free Press, New York.（野沢栄司訳（1971）青年期の精神医学．誠信書房）
保坂亨・岡村達也（1986）キャンパス・エンカウンター・グループの発達的・治療的意義の検討．心理臨床学研究第4号，16-26．
Mahler, M., Pine, F., Bergman, A.（1975）The psychological birth of human infant, London, Hutchinson.（高橋雅士・浜畑紀・織田正美（2001）乳幼児の心理的誕生―母子共生と個体化．黎明書房）
長尾博（1991）ケース青年心理学．pp.14，有斐閣．
北西憲二・小谷英文編（2003）集団精神療法の基礎用語．金剛出版．
Sullivan, H.S.（1953）The Interpersonal Theory of Psychiatry. W.W. Norton & Co.（中井久夫・高木敬三・宮崎隆吉・鑪幹八郎訳（1990）精神医学は対人関係論である．みすず書房）
台利夫（2003）ロールプレイング新訂．日本文化科学社．

II部1章

R.デカルト著／谷川多佳子訳（2008）情念論．岩波文庫．
道元（1990）正法眼蔵．岩波書店．
Freud, S.（1904）Die Freudsche psychoanlytische Methode.（古澤平作訳（1964）精神分析療法．pp.306-301，日本教文社）
Freud, S.（1923）Das Ich und das Es.（井村恒郎訳（1970）フロイト著作集6 自我論・不安本能論．pp.251-274，人文書院）

市川浩 (1992) 精神としての身体. pp.194-196, 講談社.
鍛冶美幸 (2006) ダンス・セラピー～こころの健康と"踊り". バイオメカニズム学会誌, 30(2);66-70.
鍛冶美幸 (2007) ダンス／ムーブメント・セラピーの体験の様態. 心理臨床学研究誌, 24(6);687-699.
河合隼雄・岸本寛史・高月玲子・横山博・角野善宏 (2000) 心理療法と身体. 岩波書店.
北山修 (1989) 文化と精神療法. 河合隼雄・水島恵一・村瀬孝雄編：臨床心理学大系9, 心理療法3, pp.257-269, 金子書房.
Kohut, H. (1977) The Restration of the Self. International Universities Press Inc., Madison, Conneticut. (本城秀次・笠原嘉監訳 (1995) 自己の修復. みすず書房)
Jung, C.G. (1935) ANLYTICAL PSYCHOLOGY: ITS THEORY AND PRACTICE. The Tavistock Lecture. (小川捷之訳 (1976) 分析心理学. pp.57-59/276-280, みすず書房)
Mahler, M.S., Pine, F., Bergman, A. (1975) The Psychological Birth Of The Human Infant Symbiosis And Individuation, Basic Books. (高橋雅士他訳 (2001) 乳幼児の心理的誕生―母子共生と個体化. 黎明書房)
Merleau-Ponty, M. (1945) Phénoménologie de la perception. (竹内芳郎・小木貞孝訳 (1967) 知覚の現象学1. みすず書房)
森田正馬 (2004) 新版・神経質の本態と療法 (『神経質ノ本態及療法 (1922/1928)』より). pp.23/128/226-227, 白揚社.
村瀬孝雄・伊藤研一 (1989) 内観療法. 河合隼雄・水島恵一・村瀬孝雄編：臨床心理学大系9, 心理療法3, pp.147-171, 金子書房.
村瀬孝雄 (1993) 内観法入門. 誠信書房.
成瀬語策 (2000) 動作療法. pp.11-13/23/31, 誠信書房.
Petersen, A.C., Tayler, B. (1980) The biological approach to adolescence：Biological changes and psychological adaptation. In J. Adelson(Ed.), Handbook ofadolescent psychology. pp.117-155, Wiley.
斉藤誠一 (1987) 思春期における身体意識について. 上越教育大学研究紀要 (文学部編), 33;55-58.
斉藤誠一 (1990) 思春期の身体発育が心理的側面に及ぼす効果について. 青年心理学研究会1989年度大会資料.
Stern, D.N. (1985) The Interpersonal World of the Infant：A View from Psychoanalysis and Developmental Psychology. Basic Books Inc. (小此木啓吾・丸田俊彦監訳／神庭靖子・神庭重信訳 (1989) 乳児の対人世界：理論編. 岩崎学術出版社)
Stern, D.N. (2004) The Present Moment in Psychotherapy and Everyday Life. W.W. Norton & Co, Inc. (奥寺崇監訳／津島豊美訳 (2007) プレゼントモーメント―精神療法と日常生活における現在の瞬間. 岩崎学術出版社)
湯浅泰雄 (1990) 身体論. pp.19-21/25-26/156, 講談社.
Winicott, D.W. (1965) Maturational Processes & the Facilitating Environment. (牛島定信訳 (1977) 情緒発達の精神分析理論. 岩崎学術出版社)

Ⅱ部2章
青野篤子・森永康子・土肥伊都子 (2004) ジェンダーの心理学・改訂版. ミネルヴァ書房.

Hurlock, E.B. (1973) Adolescent development. 4th ed. D. Appleton-Century Company, New York.
石田仁編著 (2008) 性同一性障害. 御茶の水書房.
伊藤公雄・樹村みのり・国信潤子 (2002) 女性学・男性学. 有斐閣.
厚生労働省 (2009) 平成 20 年版「働く女性の実情」.
厚生労働省 (2003) 平成 14 年自殺防止対策有識者懇談会資料 人口動態統計.
高橋準 (2008) ジェンダー学への道案内・改訂版. 北樹出版.
Money, J., Tucker, P. (1975) Sexual signature: On being a man or a woman. Little, Brown and Co., Boston. (朝山新一訳 (1979) 性の署名―問い直される男と女の意味. 人文書院)
無藤隆・高橋恵子・田島信元編 (1990) 発達心理学入門Ⅱ―青年・成人・老人. pp.51, 東京大学出版会.
新村出編著 (2008) 広辞苑・第六版. 岩波書店.
日本 DV 防止・情報センター編著 (2007) デート DV ってなに？. 解放出版社.
野宮亜紀・針間克己・大島俊之・原科孝雄・虎井まさ衞・内島豊 (2003) 性同一性障害って何？. 緑風出版.
「夫（恋人）からの暴力」調査研究会 (1998) ドメスティック・バイオレンス. 有斐閣.
Pliner, P., Chaiken, S. (1990) Eating, social motives, and self-presentation in women and men. Journal of Experimental Social Psychology, 26;240-254.
Spencer, S., Steel, C.M., Quinn, D. (1999) Stereotype threat and women's math performance. Journal of Experimental Social Psychology, 35;4-28.
財団法人日本性教育協会編 (2007)「若者の性」白書. 第 6 回青少年の性行動全国調査報告, 小学館.

Ⅲ部 1 章

American Psychiatric Association (2000) Quick Reference to the Diagnostic Criteria from DSM-IV-TR (高橋他訳 (2002/2009) DSM-IV-TR 精神疾患の分類と診断の手引き・新訂版. 医学書院)
Brch, H. (1988) CONVWESATIONS WITH ANOREXICS (岡部祥平・溝口純二訳 (1993) やせ症との対話. pp.3-14, 星和書店.
林直樹 (2007) リストカット自傷行為をのりこえる. 講談社現代新書.
今一生 (2001) 生きちゃってるし, 死なないし. 晶文社.
McDougall, J. (1989) THEATERS OF BODY. (氏原寛・李敏子訳 (1996) 身体という劇場. 創元社)
松木邦裕・鈴木智美編 (2006) 摂食障害の精神分析的アプローチ. 金剛出版.
松本俊彦 (2009) 自傷行為の理解と援助. 日本評論社.
大熊輝雄 (2008) 現代臨床精神医学・改訂版第 11 版. 金原出版.
下坂幸三 (1999) 拒食と過食の心理. 岩波書店.
The American Academy of Pediatrics (2003) Caring for Your Teenager. (関口進一郎・白川佳代子監訳／坂東伸泰・田沢晶子訳 (2007) 10 代の心と身体のガイドブック. 米国小児学会編, 誠信書房)
和田秀樹 (2003) 心を病む人とのつきあい方. 二見書房.

Ⅲ部2章

Albers, S. (2003) Eating Mindfully. (上原徹・佐藤美奈子訳 (2005) 食も心もマインドフルに. 星和書店)

五十嵐透子 (2001) リラクセーション法の理論と実際. 医歯薬出版.

Kabat-Zinn, J. (1990) FULL CATASTROPHE LIVING. (春木豊訳 (1997) マインドフルネスストレス低減法. 北大路書房)

神田久男 (2007) イメージとアート表現による自己探求. ブレーン出版.

熊野宏昭 (2007) ストレスに負けない生活. ちくま新書.

大野裕 (2003) こころが晴れるノート. 創元社.

大野裕 (2010) 認知療法・認知行動療法. 星和書店.

田嶌誠一 (1992) イメージ体験の心理学. 講談社現代新書.

あとがき

　私がこの本を書いたきっかけは，大学で担当させていただいた「青年心理学」の授業でした。青年期を生きる人たちに「青年心理」を講義するわけですから，そこにはいわゆる"自分探し"の道標的な意味合いがありました。まっすぐな視線で熱心に耳を傾けてくれる若い人たちを前に，私は自らが歩んできた思春期・青年期のプロセスを振り返り，何か役に立つ話がないかと暗い海にたらした糸を手繰り続けながら授業を編んでいきました。

　私の思春期は，冒頭にあげた八木重吉の美しい詩に出会ったころにはじまりました。中学受験の塾のテキストの一ページでした。「こころ」を見つめ，ときに見失いながら，不器用な十代を過ごしました。そしてそれに続く青年期をなんとか泳ぎ切ってこられたのは，心理学の学びと臨床のなかで，ダンス・セラピーとの出会いがあったからでした。「からだ」を通した表現と体験を重ねることは，自分自身について，他者について，人生について，とても多くのことを教えてくれました。

　ですから，若い人たちのために心理学を説く本を書く機会をいただいた時，私は迷わず「こころ」と「からだ」をテーマに筆を執ることにしました。そして，たくさんのワークも盛り込みました。これらは実際に，心理学を学ぶ学生さんや若い臨床家を対象にしたワークショップで実施してきたものです。これを読む皆さんが実際に手を動かして描いたり，身体を動かして感じ，楽しみながらその意味を探していってくださることを期待しています。

　さいごになりましたが，本書の執筆にあたってご助言を賜った立教大学神田久男先生に御礼申し上げます。また，私のとりとめのない"思い"が何とか形になるよう導いてくださった岩崎学術出版社の清水太郎氏に，心から感謝を申し上げます。

著者略歴

鍛治　美幸（かじ・みゆき）

1988 年　立教大学文学部心理学科卒業
2008 年　立教大学現代心理学研究科臨床心理学専攻博士後期課程修了
現　職　医療法人社団碧水会 長谷川病院ダンスセラピスト，フェリス女学院大学非常勤講師，国士舘大学非常勤講師，代官山カウンセリングセンター カウンセラー，私立中学・高校スクールカウンセラー，大泉金杉クリニック カウンセラー
　　　　臨床心理士，博士（臨床心理学），アメリカ・ダンスセラピー協会認定セラピスト（BC-DMT），日本ダンスセラピー協会理事・同会認定スーパーヴァイザー，日本集団精神療法学会認定スーパーヴァイザー
著訳書　芸術療法 2 実践編（分担執筆，岩崎学術出版社，2003），芸術療法実践講座 5 ダンスセラピー（分担執筆，岩崎学術出版社，2004），集団精神療法的アプローチ（分担執筆，集団精神療法叢書，1994），

思春期・青年期のこころとからだ
自分と出会うためのワークブック

ISBN 978-4-7533-1040-1

鍛冶美幸 著

2012年3月2日　初版第1刷発行
2018年5月6日　初版第3刷発行

印刷 ㈱新協　／　製本 ㈱若林製本工場

発行 ㈱岩崎学術出版社　〒101-0052 東京都千代田区神田小川町2-6-12
発行者　杉田　啓三
電話 03(5577)6817　FAX 03(5577)6837
©2012　岩崎学術出版社
乱丁・落丁本はお取替えいたします　検印省略

精神分析的心理療法の実践——クライエントに出会う前に
馬場禮子 著
学派を超えて通用する心理療法の基本とその技術　●Ａ５判・184頁・3,200円

精神分析的人格理論の基礎——心理療法を始める前に
馬場禮子 著
前著と合せ，心理療法の基礎知識を　●Ａ５判・232頁・2,800円

集中講義・精神分析㊤——精神分析とは何か／フロイトの仕事
藤山直樹 著
気鋭の分析家が精神分析の本質をダイレクトに伝える　●Ａ５判・296頁・2,700円

集中講義・精神分析㊦——フロイト以後
藤山直樹 著
精神分析という知の対話的発展を語り下ろす待望の下巻　●Ａ５変・280頁・2,700円

対象関係論を学ぶ——クライン派精神分析入門
松木邦裕 著
徹底して臨床的に自己と対象が住む内的世界を解く　●Ａ５判・168頁・3,000円

臨床精神医学の方法
土居健郎 著
臨床と研究のあり方を真摯に問いつづける著者渾身の書　●四六判・200頁・2,500円

こどもの精神分析——クライン派・対象関係論からのアプローチ
木部則雄 著
こどもに真摯に向き合うセラピストのために　●Ａ５判・256頁・4,200円

こころの症状はどう生まれるのか——共感と効果的な心理療法のポイント
古宮昇 著
来談者の主観的な経験を理解するために　●四六判・216頁・2,300円

関係性における暴力——その理解と回復への手立て
藤岡淳子 編著
「暴力」から「個人の尊厳と共生」へ　●Ａ５判・248頁・2,800円

東大理学部発 学生相談・学生支援の新しいかたち
東京大学大学院理学系研究科・理学部学生支援室／下山晴彦 編著
心理専門職，教職員が協働する学生支援　●Ａ５判・208頁・2,500円

改訂 大学生のための精神医学
高橋俊彦・近藤三男 編著
日常生活に身近な精神医学の知識・素養を身につけるために　●Ａ５判・176頁・2,800円

表示の価格は本体価格です。ご購入のさいには消費税が加算されます。
また価格は変更する場合がございますのでご了承ください。

子どもの発達と情緒の障害——事例からみる児童精神医学の臨床
本城秀次 監修　野邑健二・金子一史・吉川 徹 編
事例を中心に子どものこころの理解と支援を考える　●Ａ５判・280頁・3,800円

必携 児童精神医学——はじめて学ぶ子どものこころの診療ハンドブック
グッドマン R.／スコット S. 著　氏家 武・原田 謙・吉田敬子 監訳
臨床実践への示唆に満ちた新しいスタンダード　●Ｂ５判・336頁・5,000円

メンタライゼーションと境界パーソナリティ障害
ベイトマン A.／フォナギー P. 著　狩野力八郎・白波瀬丈一郎 監訳
入念なリサーチに基づくBPD治療の理論と実践　●Ａ５判・488頁・5,300円

実践満載 発達に課題のある子の保育の手だて
佐藤曉 著
子どもの「困り感」に寄り添うための具体的なヒント集　●Ａ５変・120頁・1,800円

発達障害のある子の保育の手だて
佐藤曉・小西淳子 著
子どもが抱く「困り感」を軽減し穏やかな園生活を保障する　●Ａ５判・168頁・1,700円

新装版 CARS——小児自閉症評定尺度
Ｅ・ショプラー・他著　佐々木正美監訳
日本の記述例6例を追加した新装版　●Ｂ５判・104頁・2,500円

自閉症の親として——アスペルガー症候群と重度自閉症の子育てのレッスン
Ａ・パーマー・他著　梅永雄二訳
全米自閉症協会2007年"ベストブック・オブ・ザ・イヤー"　●Ａ５判・216頁・2,200円

認知行動療法による子どもの強迫性障害治療プログラム
Ｊ・Ｓ・マーチ／Ｋ・ミュール 著　原井宏明・岡嶋美代 訳
児童思春期における強迫性障害の治療マニュアルの決定版　●Ａ５判・352頁・3,600円

摂食障害の不安に向き合う——対人関係療法によるアプローチ
水島広子 著
不安に対処し治療効果につなげる臨床的な創意工夫を詳述　●四六判・200頁・2,000円

自尊心の発達と認知行動療法——子どもの自信・自立・自主性をたかめる
ポープ A.W.／クレイグヘッド W.E.／ミッキヘイル S.M. 著　高山巌 監訳
統合された治療パッケージ　●Ａ５判・240頁・3,800円

子どものストレス対処法——不安の強い子の治療マニュアル
Ｐ・Ｃ・ケンドール他著　市井雅哉監訳
「コーピングキャット」を用いた治療プログラム　●Ｂ５判・函入3冊セット・4,800円

表示の価格は本体価格です。ご購入のさいには消費税が加算されます。
また価格は変更する場合がございますのでご了承ください。

●芸術療法実践講座=全6巻 （○印既刊）

芸術療法実践講座①　絵画療法Ⅰ（飯森眞喜雄・中村研之 編）
子どもの問題行動と絵画療法／非行少年と風景構成法／児童期・思春期・青年期心身症の治療における絵画療法／言葉を越えたコミュニケーション―自閉症児の造形活動／痴呆老人とのアートセラピー／ターミナル領域におけるコラージュ法／ターミナルケアにおける絵画・コラージュ・造形療法

芸術療法実践講座②　絵画療法Ⅱ（飯森眞喜雄・伊集院清一 編）
長期入院分裂病患者の絵画療法／描画とともに―治療空間のために／精神科病院における絵画療法／不登校事例への援助―数々のテーマ画を用いて―／芸術療法を使いこなすクライエント／デイケアにおける絵画療法／精神科入院患者への絵画療法

芸術療法実践講座③　コラージュ療法・造形療法（高江洲義英・入江　茂 編）
精神科臨床におけるコラージュ療法／ブロック技法を介した場面緘黙児の精神療法過程／開業心理臨床におけるコラージュ療法／精神科作業療法・デイケアにおける造形活動／デイケア・作業療法におけるコラージュ療法／非行臨床におけるコラージュ法の実践／思春期相談におけるコラージュ療法

芸術療法実践講座④　音楽療法（飯森眞喜雄・阪上正巳 編）
精神病院における音楽療法／精神科・心理クリニックにおける音楽療法／精神科デイケアの音楽療法／児童領域における音楽療法／自閉症児の音楽療法／重症心身障害児への音楽療法／高齢者音楽療法における音楽／痴呆性高齢者のケアにおける音楽療法／ターミナルケアにおける音楽療法

芸術療法実践講座⑤　ダンスセラピー（飯森眞喜雄・町田章一 編）
精神病院におけるダンスセラピーの試み／作業療法・デイケアにおけるダンス／ムーブメント・セラピー／心療内科・精神科クリニックにおけるダンス・ムーブメント・セラピー／一般医療現場におけるダンスセラピー／思春期の問題行動に対するダンスセラピー／心身障害児に対するダンスセラピー／高齢者に対するダンスセラピー／ターミナルケアにおけるダンスセラピー

芸術療法実践講座6　詩歌・文芸療法（飯森眞喜雄・星野惠則 編）
精神病院における詩歌・文芸療法／神経症と人格障害の連句療法／精神科・心理クリニックにおける詩歌・文芸療法「物語」／作業療法における詩歌療法／思春期・青年期の詩歌療法／痴呆老人のケアにおける詩歌・文芸療法／ターミナルケアにおける詩歌・文芸療法

●好評既刊

芸術療法1　理論編
徳田良仁・大森健一・飯森眞喜雄・中井久夫・山中康裕 編　A5判　208頁

芸術療法2　実践編
徳田良仁・大森健一・飯森眞喜雄・中井久夫・山中康裕 編　A5判　208頁